날마다 힘드신 당신께

세상에 둘도 없이 귀하신 ＿＿＿＿＿＿＿＿＿ 님!

당신께 위로와 평안이 깃들기를
소망하고 기도하면서
이 글을 전합니다.

＿＿＿＿＿＿＿＿＿ 드림

날마다 힘드신 당신께

초판 1쇄 인쇄 ｜ 2019년 1월 4일
초판 1쇄 발행 ｜ 2019년 1월 11일

지은이 황수진
펴낸이 임성빈
펴낸곳 도서출판 하늘향

등록 제2014-31호
주소 04965 서울시 광진구 광장로5길 25-1(광장동 353)
전화 02-450-0795
팩스 02-450-0797
이메일 ptpress@puts.ac.kr
홈페이지 http://www.puts.ac.kr

값 15,000원
ISBN 979-11-88106-03-5 03230
ⓒ도서출판 하늘향 2019

＊이 도서의 국립중앙도서관 출판예정도서목록(CIP)은
 서지정보유통지원시스템 홈페이지(http://seoji.nl.go.kr)와
 국가자료공동목록시스템(http://www.nl.go.kr/kolisnet)에서
 이용하실 수 있습니다. (CIP제어번호 : CIP2018042249)

날마다
힘드신
당신께

황수진

하늘향

목차

이 편지를 받아주신
당신께

어릴 때 저의 꿈은 노벨문학상을 수상하는 작가가 되는 것이었습니다. 책을 읽는 것이 행복했고 글을 쓴다는 일 자체가 즐거웠습니다. 그런데 대학에서 영문학을 전공하고 나이를 먹어가면서, 저는 노벨문학상 후보에 오르는 작품들이 제가 쓰고 싶고 쓸 수 있는 글과는 전혀 다른 차원에 존재하며, 설령 그 상을 받게 된다 해도 제 신앙과 가치관에 비추어 그다지 기쁘지도 감사하지도 않을 거라는 사실을 깨닫게 되었습니다. 또한 저 자신에게 그렇게 대단한 글 쓰는 재능이나 은사가 있지 않다는 슬픈 진실도 알아 버렸습니다. 실력은 없는데 보는 눈만큼은 점점 까다로워져서, 이 글은 이래서 별로고 저 글은 저래서 안 된다고 품평하면서, 감탄하고 감동하기보다는 비판을 주로 늘어놓는 까칠한 독자가 되었고, 그렇게 되고 나자 개인적인 일기나 편지, 설교 원고 외에는 감히 다른 사람이 읽을 글을 쓸 엄두조차 내지 못하는 처지가 되고 말았습니다.

여전히 저의 변치 않는 가장 큰 소원은 즐겁게 글을 쓰고 누군가에게 행복한 글 읽기의 시간을 선물하는 것이지만, 이렇게 까칠하게 변해버린 탓에 감히 시도조차 할 수 없었습니다. 아니오. 아닙니다. 사실 시도는 셀 수도 없이 했습니다. 다만 얼마 못 가 제가 쓴

너절한 글들을 영구 폐기할 수밖에 없었던 거지요. 남들의 피땀 어린 글에는 이러쿵저러쿵 복잡한 잣대를 많이 갖다 대면서, 아니 그렇기에 더욱, 초라하고 유치한 제 글은 의미 있는 읽을거리가 못 된다는 걸 깨달을 수밖에 없었거든요.

〈쓰고 싶다. 그런데 쓸 수가 없다.〉는 가슴 무거운 갈등이 계속되었고, 저는 마흔 살을 넘게 산 중년이 되었습니다. 치기 넘쳤던 어린 시절에 "난 마흔 살이 되면 글을 쓸 거야!"라고 장담하고 다녔던 바로 그 나이가 지나버린 겁니다. 그 때는 마흔 살이 되면 감동스럽고 세련된 글을 쓸 수 있을 거라고 귀여운 희망을 품었던 것이겠지요. 막상 마흔이 되어보니 마흔을 꿈꾸던 어린 그 시절보다 나아진 게 하나도 없이 그저 더 부끄럽고 까칠한 인생이 되었을 뿐인데요.

글쓰기에 대한 포기 수순에 이른 저에게 어느 날 하나님께서 마음속에 생각을 하나 주셨습니다.

'5달란트 받은 종 아닌 거 알았으면 됐다. 그런데 1달란트라도 땅에 파묻지는 말아라. 이자만큼만이라도 활용해야 하지 않겠니? 이 무익하고 게으른 종아?'

으, 그렇군요. 그 말씀의 충격 때문에 저는 1달란트 재능을 하나님의 은혜 금고에 맡겨 이자라도 남겨 보자고 몸부림치게 되었습니다.

그런데 또 문제가 생기더라고요. 그래도 1달란트는 되는 재능인 줄 알았는데, 웬걸요. 1달란트도 사실 엄청나게 큰 가치라는 걸 생각 못했었습니다. 글을 간신히 몇 줄 쓰다가 수정 작업을 하다 보면, 아이고 맙소사! 1달란트 짜리이긴커녕 일꾼의 하루 품삯 1데나리온 어치도 안 되는 졸렬한 수준의 글 솜씨였던 겁니다. 하던 작업을 멈추고 영구 삭제 버튼을 누르고 휴지통 비우기까지 싹싹 해 버리고 싶은 충동과 끈질긴 유혹을 견디는 것이, 글을 쓰는 일 자체보다 더 힘겨웠습니다. 낙심, 낙심, 대낙심이었죠. 저는 하나님께 투덜거렸습니다.

"아, 하나님. 글을 좋아하게 하시고 글 쓰고 싶은 소원을 제 안에 주셨으면, 은사도 함께 주셨어야죠! 땅에 묻는 게으르고 교만한 죄를 범하지 말라고 하시면 뭐합니까? 1달란트는커녕 1데나리온짜리 될까 말까한 재능인걸요. 정말 저 자신이 실망스럽습니다! 죄송합니다."

그러자 하나님께서 이렇게 응답하시는 듯했습니다.

"인마! 1데나리온이면 하루치 품삯 아니냐. 네가 무엇인가를 써서 그것을 읽는 사람이 무엇인가를 얻고 희망을 품어 하루를 살고 견디어낼 수 있는 힘을 받으면 그걸로 충분한 거지 뭘 더 욕심내?!"

아차차! 바로 그게 답이었던 거네요. 맞습니다. 저는 제 1데나리온짜리 될까 말까한 은사를 총동원하고 부끄러움과 두려움과 싸우며 글을 쓰고 있습니다. 감히 하나님의 몽당연필이 되고 싶다는고 테레사 수녀님의 소망이 바로 제 마음이라는 말씀 드리기도 민망할 지경입니다.

부디 누군가에게 이 글이 단 하루를 살아갈 1데나리온의 은혜라도 공급할 수 있기를 예수님의 이름으로 간절히 소망합니다. 그래요. 사실 1분 1초를 견디기 힘들고 숨쉬기 괴로운 이 세상 속에서, 단 하루어치만큼이라도 믿음과 용기를 북돋을 수 있으면 너무나 감사하고 놀라운 기적이 되겠지요. 그런 복과 은총이 이 글을 적어가는 저와 이 글을 읽고 계신 당신께 허락되기를 소망해 봅니다.

『날마다 힘드신 당신께』는 본래 성경의 내용과 은혜를 주로 전달하는 설교 형식으로 구성되었었습니다. 그러나 어느 날 밤 갑자기 '네가 제일 잘 쓰는 게 그나마 편지 아니냐?'라고 퍼뜩 섬광처럼 주신 하나님의 조언과 아이디어에 의해 형식도 내용도 완전히 뒤바뀌었습니다.

네. 그나마 제가 가장 진실하고 간절한 마음으로 쓸 수 있는 형식의 글이 서신이더라고요. 그래서 서투른 솜씨로나마, 부족한 지혜로나마, 안타까운 애정과 소망을 담아 편지를 씁니다.

제가 쓴 모자란 편지글을 받아 주신 분들, 감사합니다. 조금이라도 영혼이 따뜻해지셨다면, 저는 그것으로 행복합니다. 하나님의 은혜로 작은 조각 천들을 한 땀 한 땀 정성껏 이어 붙여서, 추워하는 누군가를, 부끄러워하는 누군가를 덮어주고 감쌀 수 있었으면 좋겠습니다. 주님께서 주신 양식으로 열심히 밥을 짓고 국을 끓이고 소박한 찬들을 만들어 가족들의 건강을 지키는 밥상을 차려내고 싶습니다. 이 글이 자랑하고 내보일 만한 꺼리는 되지 못해도 누군

가에게 그 순간 필요한 무엇으로 남을 수 있었으면 하고 욕심내어
봅니다.

얼굴과 이름은 몰라도 하나님 안에서 만난 당신! 위로와 응원과
기도를 보냅니다. 날마다 힘드신 당신의 짐을 날마다 지시는 우리
여호와 하나님을 기억하면서, 우리 또 한 번 힘내기로 해요.

잔인했던
어느 4월의 우울한 밤에
당신을 아파하며

영국의 어느 시인이 4월을 잔인한 달이라 표현한 이유는 4월이 정말 잔인하고 힘들어서는 아니었을 것입니다. 거친 황무지를 뚫고 솟아나는 새 생명의 몸부림이 처절하다는 의미로 그 표현을 쓰지 않았을까 생각해 봅니다.

그런데 2016년 4월은 저에게 참 힘들고 잔인한 때였답니다.

본래 시신경이 약하고 시력이 나쁘긴 해도 맘먹고 견디면 참을 만하다고 여기며 40년을 살아왔는데, 갑자기 눈이 말썽을 부리기 시작했습니다. 견딜 수 없는 극심한 두통이 몰려오면 아무리 애써도 책을 계속 읽거나 글을 쓰는 일이 불가능해졌고, 억지로 꾹 참고 하던 일을 계속하면 구토가 몰려오거나 눈앞이 까맣게 암흑으로 뒤덮여 아무것도 보이지 않는 상태가 몇 십 초간 지속되는 현상이 나타나기 시작한 겁니다. 저는 두려워졌습니다. "시신경이 날로 약해지고 있으니 혁신적인 치료 방법이 개발되기 전까지는 있는 것만이라도 잘 지켜야 한다. 그 동안 너무 눈을 혹사시켰다. 조심하라."고 하셨던 제 안과 주치의 선생님의 충고도 떠올랐고, 한창 일해야 할 시기를 살아가고 있는 제가 눈의 상태를 신경 쓰고 쉬어가면서 얼마만큼이나 제 책임을 감당해낼 수 있을지 자신이 없어졌습니다.

슬퍼지고 속상했습니다. '인내하고 노력하는 것으로 내 부족함이 채워지지 않는다면 난 무엇을 어떻게 해야 하는 걸까. 그저 하나님만을 의지하고 바라보며 은혜 안에 산다고 하면서 게으르게 놀고만 있을 수는 없는 거잖아.' 하며 걱정이 무럭무럭 자라났습니다.

눈이 문제를 일으킨 것과 동시에 체력도 바닥을 드러내기 시작했습니다. 결국 4월 한 달간 새벽기도 인도를 쉴 수밖에 없었습니다. 사실, 새벽예배 도중 성경말씀을 읽어 올리다가 갑자기 눈앞이 부옇게 흐려지며 글씨가 안 보이는 통에 당황하는 일이 여러 번 겹치다 보니 계속 고집을 부릴 수가 없었습니다.

신경을 쓰다 보니 위장 장애도 심해졌습니다. 입맛도 없었고 소화도 되지 않았습니다. 오른팔을 들어 올릴 수 없을 만큼 어깨도 아팠습니다. 기도를 하면 눈물만 흘렸고, 때로는 눈물도 나지 않을 만큼 그저 멍하고 마음이 무겁기만 했습니다. 말씀을 전하고 나면 감사하고 기뻐야 하는데, '아, 이게 아닌데……'라는 좌절감이 몰려와 힘들었습니다.

개인적인 괴로움이 전부가 아니었습니다. 캄보디아는 1년 중 4월이 제일 무덥다고 하는데, 그곳에 파견 근무 나가 있는 친구는 캄보디아의 극심한 무더위 및 20년만의 가뭄과 싸우고 있었고, 또 다른 친구는 미래에 대한 불안과 생활고로 슬픔에 허덕이고 있었습니다. 그 외에도 많은 이들이 호소하는 고통, 세계 각처에서 일어나는 지진과 재난들, 이 많은 기도제목들 앞에서, 저는 괴롭고 우울했습니다.

잠이 안 와 뒤척이며 기도조차도 멈추고 추운 우울에 빠져 있던 어느 날 밤, "이 4월은 유난히 잔인하네."를 반복해서 중얼거리던 저에게 하나님은 속삭이셨습니다.

"바로 지금이, 네가 누군가에게 편지를 쓸 시간이구나."라고요.

'그 누군가는, 이 순간 나만큼 아니 나보다 더 힘들고 외롭고 우울하겠구나. 함께 힘을 모으기 위한 편지를 쓰자. 그 누군가를 위해 그리고 나 자신을 위해, 촛불을 켜고 펜을 들자. 이 마음 이대로……'라고 생각하며, 저는 이 글을 열었습니다. 서정윤 시인의 〈홀로서기〉라는 시의 한 구절이 문득 떠오르던 밤이었어요.

어딘가에서
홀로 서고 있을, 그 누군가를 위해
촛불을 들자.*

라는, 결심을 담고 있던 그 구절……

삶과 세상이 무겁고 무서운 시간에
함께 작은 소망을 빚으려
저는 그때부터 지금까지

●　서정윤, 『홀로서기 시선집』(문학수첩, 2002).

당신께…… 편지를 띄우고 있습니다.

당신께서 읽으실 날이 오려나요?

삶에 뒤통수 맞아
슬프고 화나고 나아질 희망 따윈
없다고 생각하시는
당신께
-

삶이 끝나지 않았으므로,
결말은
수정 가능하대요!

먼 고대의 동굴 벽에도 "세상은 말세다"라는 글귀가 적혀 있었다고 합니다만, 요즈음은 뉴스를 보기가 겁이 납니다. 그 어떤 공포 영화보다 현실에서 일어나는 일들이 무섭고 기막히고 끔찍한 시간을 살아가고 있음을 느낍니다. 나 혼자 조심하고 바르게 살려고 노력한다 해서, 내 삶이 안전하게 지켜지고 억울한 일을 당하지 않으리라 장담할 수 없습니다. 하루에도 몇 차례씩, 우리는 차마 믿겨지지 않고 믿고 싶지도 않은 불행들을 듣고 보고 맞닥뜨립니다. 때로는 그 악몽 같은 현실이 곧 나의 현실이 되어 우리의 뒤통수를 치며 땅바닥에 납작 널브러지게 만들기도 하지요.

당신에게 이 편지를 쓰고 있는 저는, 의외로 오지랖이 넓은 사람입니다. 이 세상 불행과 재난이 다 제 현실인 양 가슴이 아픕니다. 부끄러운 고백이지만, 그 도가 좀 지나쳐서 드라마나 영화 속 이야기와 등장인물들에게까지 몰입을 합니다. 긴 시간 장편 소설을 읽거나 드라마를 시청하다 보면, 작품 속의 세계가 곧 저의 현실이 되고 캐릭터들이 제 아끼는 지인들이 됩니다. 이야기와 인물들에게 정 들 시간을 길게 주지 않는 영화나 단편 소설보다, 호흡이 긴 이야기들을 더 좋아하는 이유가 여기에 있다는 생각도 해 봅니다. 그런데 이런 성향이, 작품과 인물들을 깊이 이해하고 분석하며 그 의미와 느낌을 제 것으로 만드는 데에는 참 도움이 되는 한편, 부작용도 만만치 않게 일으키곤 합니다. 모든 것에는 빛과 그림자가 함께 하니까요.

몰입했던 작품 세계가 제가 납득할 수 있는 개연성과 논리를 갖추고 잘 마무리되면 행복합니다. 등장인물들이 자기를 잘 찾아가고 행복한 결말을 맞이하면 마치 제 인생의 중대한 무엇을 이룬 것처럼 뿌듯하고 신이 납니다. 하지만 반대로 정을 주었던 세계가 납득할 수 없는 어그러짐으로 망가져가고 인물들이 '현실은 어차피 그런 거잖아.'라는 이유로 말 안 되게 좌절을 겪거나 숨을 거두면, 저는 마치 저나 제 지인의 세계가 부서지는 것처럼 속이 상합니다. '이건 그저 이야기일 뿐이야. 진짜 현실이 아니고 세상에는 더 끔찍하고 더 기막힌 일도 많다고!'라고 쓴웃음 짓고 넘어갈 수가 없습니다. 저에게는 그 작품도 이미 제 또 다른 현실이 되어버렸거든요.

현실이 아니지만 현실만큼이나 저에게 아픈 상처와 지워지지 않는 상흔을 남긴 TV 프로그램이 둘 있습니다. 뒤통수 맞았다고 느낄 만큼, 제작진에게 배신 혹은 농락당했다고 분노할 만큼, 제 삶 속에서 심하게 괴로워했었죠. 그 작품들에 관한 제 경험을 먼저 나누어 보려 합니다.

결말이 슬프든, 기쁘든, (슬프면 좀 울고 아파하긴 했어도) 그다지 심각하게 깊이 생각하지 않고 작품을 마주하던 저에게 '슬픈 결말 공포증 - 새드 엔딩 포비아'를 새겨놓은 프로그램은, 2010년 3월 중

순에 종영한 어느 시츄에이션 코미디(시트콤)였어요. 불행한 삶을 그래도 꿋꿋하게 열심히 살아내는 여주인공 캐릭터가 안쓰럽지만 사랑스러웠고, 그 여주인공에게 좋은 것을 해 주고자 부족하지만 나름대로 노력하며 애정을 표현하는 또 다른 캐릭터가 좋아서, 저는 그 프로그램을 참 열심히 시청했습니다. 종영일이 다가오면서 '부디 행복한 결말을 맞이했으면 좋겠다. 현실은 힘든 거니까, 작품 속에서만이라도 기쁜 일이 있으면 좋겠다.'고 간절히 바랐었지요. 정극 드라마나 영화라면 '현실 고발'을 외치며 슬픈 결말이 나올 가능성도 꽤 크지만, 모든 가족들이 TV를 보는 저녁 시간대의 (더구나) 시츄에이션 코미디극이니까, 장르의 특성상 웬만하면 보기 흐뭇한 결말이 나오지 않을까 안심하고 기대하는 마음도 좀 있었습니다. 그러나 예상과 달리 그 극의 결말은 충격적이었습니다. 비참한 현실을 벗어나기 어려웠던 여주인공은 부친 및 여동생과 함께 새 삶을 찾아 먼 나라로 떠나기 위해 공항으로 향하는 차 안에서, 여자 친구가 있지만 자신이 오래 짝사랑해 온 남자에게 자신의 진심을 털어놓으며 행복하다고 느끼고, 그녀의 행복은 그녀와 그의 시간이 동시에 멈춤으로서 영원히 사라지지 않게 되지요. '가장 행복한 순간, 시간을 멈춘다'는 것이 연출자가 생각한 행복한 결말이었던 것 같습니다. 그러나 현실에 발을 딛고 살아가는 사람이자, 여주인공이 그녀의 현실 속에서 조금 더 행복한 삶을 향해 나아가길 기대했던 팬이자 시청자로서, 저는 그 결말을 납득할 수도 연출자를 용서할 수도 없었습니다. 예술적 작품성과 탐미주의로, 현실 고발론으로, 아니 그 어떤 멋진 말로 포장한데도, 그녀는 엄연히 애인이 있는 남자와 차를 타고 가다가 빗길 교통사고로 어린 나이에 세상을 떠난 참 불쌍한 사람, 그리고 자세히 표현되지는 않았지만 그녀를 아낀 또 다른 사람에게 큰 상처를 준 여자로 남았을 뿐이니까요. 그 프로그램의 장르가 시츄에이션 코미디였기 때문에 제가 느낀 고통과 배신감은 더욱 컸습니다. 날 미워하는 사람에게 맞은 것과 나에게 행복을 주었던 사람에게 맞은 것 중, 어느 쪽이 더 마음 아프겠어요?

그 후로 한 동안 저는 뉴스 이외에는 TV 자체를 보지 못했습니다. 소설도, 결말이 행복하다고 보장되어 있지 않으면 잘 안 보는 기막힌 습관이 생겼습니다. 언젠가는 완전히 괜찮아질지도 모르겠지만, 2018년이 절반 이상 지나간 지금에도 아직 극복하지 못한 '슬픈 결말 기피증'입니다.

그럼에도 불구하고 시간이 약이라고 세월이 흐르자 저는 다시 TV를 볼 수 있게 되었지요. 아, 예전과는 시청 태도가 무척 조심스러워지긴 했습니다. 슬플 것 같은 이야기는 아예 피하게 되었고, 대본을 쓰는 작가 및 연출 담당자의 성향을 미리 조사해 본 후 안심할 만하다 생각할 때 비로소 프로그램에 접근하는 겁쟁이 시청자가 되었어요. 그런데 그렇게 조심하고 경계하는 일이 다 부질없음을 알려주기라도 하듯 제가 또다시 뒤통수 맞는 일이 생깁니다. 2015년 가을에서 2016년 1월까지 방영한 가족 드라마가 있었어요. 제가 좋아하는 밝은 성향의 코미디 프로그램 출신 작가와 연출자의 작품

시리즈였던지라 저는 큰 걱정하지 않고 그 드라마를 재미있게 시청했습니다. 가족 드라마를 표방하긴 했지만, 시청자의 흥미를 끌기 위한 장치로 끝을 예측하기 어려운 여주인공의 사랑 이야기도 들어가 있었는데, 저는 그 작가와 연출자의 예전 작품 성향을 잘 알고 있다고 자부했기에, 사랑 이야기의 최종 승자가 누구인지 알고 있다고 믿었습니다. 물론 중간 중간 '이거 전작과 좀 다른데? 어쩌면 예상이 빗나갈 수도 있겠어?'라고 불안하긴 했지만, '그래도……'라고 희망을 가졌죠. 그런데 이게 웬일입니까? 예상은 빗나갔어요. 그럴 수도 있다는 충분한 설명과 개연성 없이 그냥 이럴 수도 있고 저럴 수도 있는 게 인생이라고 저울질하다가 마지막 순간에 결정을 내린 것처럼, 구성상 설득력이 떨어지는 상태로 말이죠. 이번에는 주인공이 어이없이 죽어버리는 참사를 면하긴 했지만, 워낙에 믿고 좋아하던 작가와 연출자에게 실컷 농락당하다가 진흙탕에 확 밀쳐진 느낌에, 저는 정말 너무나 화가 나고 괴로웠습니다. 사랑 이야기가 극의 중심이 아니라고 입장을 표명하는 제작진이 더 얄미웠어요. 이야기의 핵심적 주제가 아니면, 납득할 수 없는 논리로 시청자들을 혼란으로 몰고 갔다가 일방적으로, '너희가 못 찾아내서 그렇지 사실 이랬다.'라는 식으로 숨은 그림 찾기 퍼즐 조각 던져주듯 해도 되는 건가, 몹시 맘이 상했죠. 저는 착한 성격이 아니기에, 그 결말이 난 바로 직후, 해당 작가와 연출자와 관련된 모든 자료들을 제 책장에서 뽑아내어 전부 갖다버리고 '다시는 이들의 이름을 내건 작품은 눈길조차 주지 않겠다.'고 결단하기까지 했답니다. 지금도 이 결심은 아주 착실하게 지키고 있답니다. 자랑은 아니지만요.

뭘 드라마 결말 하나 가지고 그렇게까지 하냐고 비웃으셔도 어쩔 수 없어요. 저에겐 제가 보는 모든 이야기들과 그 속에 등장하는 인물들이 곧 제 현실이니까요. 2010년 3월초에 이어 2016년 1월 말에 또 그렇게 속상해하는 저를 보며 제 아버님은 말씀하셨죠.

"맘에 안 드는 결말은 네가 바꿔. 책이면 찢어버리고, 드라마나 영화면 그 결말을 지우고 네가 네 나름의 결말을 새로 만들어 기억하면 되잖아."

이모님은 이렇게도 조언하셨습니다.

"넌 독자고 시청자지 작가도 연출자도 아니잖아. 아, 저 사람들은 저렇게 생각하는구나. 나는 아닌데…… 라고 그냥 객관적으로 인정하고 수용을 해. 다른 가치관을 지닌 이들을 포용하는 것도 중요한 일이야."

네. 맞아요. 다 옳은 말씀들이었죠. 하지만 제가 아끼는 세계가 엉망진창이 되고, 제가 사랑하는 사람들이 고통을 겪고 있는데, 엄연히 그런 결말이 존재하고 있는데, 어떻게 그렇게 간단히 자유로워질 수 있단 말인가요? 그럴 수 있는 저였으면 애초에 괴로울 까닭도 없었겠지요.

2010년의 고통이 꽤 길게 간 데다 현재까지 그 흔적을 남기고 있고, 그토록 조심을 했는데도 또 상처가 덧나 버렸으니 앞으로 꽤 오랫동안 이 후유증을 안고 가겠구나 생각하면서, 저는 참 심란했습니다. 한편, 비현실이 현실화될 때의 고통도 이렇게 아픈데, 현실에 뒤통수 맞으며 살아가는 우리네 삶이란 정말 얼마나 비참하고 서글픈가 눈물 나고 서러워서 우울했습니다.

그런데 그 후에 아주 흥미로운 일이 하나 생겼답니다. 모 자동차 회사가 인터넷을 통해 광고를 하면서, 저를 마음 아프게 했던 그 가족드라마 속 못 다 이룬 안타까운 사랑이야기를 광고 모티브로 가져다 사용한 겁니다. 그리고 놀랍게도 드라마에서와는 다른 결말을 내놓았습니다. 드라마 속 남자 연기자를 그대로 광고 모델로 기용했기 때문에, 정말로 결말이 바뀌었다는 착각을 일으킬 수 있을 정도였습니다.

그 자동차 광고가 저에게 준 신선한 충격은 상상 이상이었습니다. 도저히 바꿀 수 없을 결말을 바꿀 수도 있는 거라는 자각에, 처음 그 광고 동영상을 보았을 때 감동했지요. 눈물도 많이 쏟았습니다. 어찌나 감격했던지, 제게 운전면허가 없는 것을 처음으로 한탄하기까지 했어요. '운전만 할 줄 알았다면, 빚을 내서라도 저 차를 사 주었을 텐데.' 하면서 말이죠. 그만큼 그 광고 기획자와 광고주에게 깊이 감사했습니다. 그리고 저 자신, 아버지께서 말씀하시던 대로 '내게 그 드라마의 사랑이야기의 결말은 저 자동차 광고다!'라고 접수(?)하게 되었습니다. 덕분에 이번엔 슬픈 여운이 오래 가지 않을 수 있었습니다. 그리고 손댈 수 없는 기막힌 상황들을 생각하고 바라보는 시선과 관점도 이전과는 확연히 달라졌지요. (그렇지만 해당 드라마 작가와 연출자는 용서하지 않았습니다. 아니, 아예 그들을 제 기억과 관심에서 지웠지요. 예전 그 시츄에이션 코미디 프로그램의 연출자처럼요.)

제 이야기가 너무 길어졌네요. 편지니까 이해해주실 거지요?

그렇게 심약하고 감성적인 마음으로 이 험악한 현실을 어떻게 살 거냐고 걱정하시는 당신의 표정과 눈빛이 마구 느껴지네요. 그런데 제 경우에는 비현실이 현실에 힘을 북돋아주는 일들이 자주 있어서 ─ 그 반대의 일도 간혹 일어나지만 ─ 결말은 바뀔 수 있다는 희망이 제 안에 심겨진 이상 좀 더 기운을 내어 현실을 살아갈 수 있을 것 같습니다.

이 글을 읽고 계신 당신, 혹여 드라마보다 더 잔혹하고 코미디보다 더 어이없고 우스운 상황 속에서 뒤통수 맞고 '내 인생은 이제 반등 없어! 실패야!'라고 낙심하여 널브러져 계시다면, "인생은 아직 끝나지 않았고, 이미 살아버린 시간은 어쩔 수 없지만, 결말은 얼마든지 달라질 수 있다"는, 당연해 보이지만 사실은 믿기 어려운 '진실'을 당신의 귀에 여러 번 속삭이고 싶습니다.

실패는 상처와 흉터를 남기고, 그 고통을 극복하는 데에 오랜 시간이 필요한 거 맞습니다. 하지만 영원히 복구될 수 없는 것은 아닌 것 같아요. 심지어 끝나버린 드라마도, 광고라는 다른 매체를 통해서 결말이 바뀔 수 있잖아요. 하물며 드라마나 광고보다 훨씬 길고 멀고 복잡다단한 요소들이 갖가지로 잇닿아 있는 '인생'이라는 작품은, '끝나기까지는 결코 끝이 아닌 최고의 반전극'이라고 말씀드리고 싶습니다. 당신께, 그리고 저 자신에게도요.

2016년 리우데자네이루 올림픽 기간에, 저는 남자 육상 1만 미터 경주를 보고 감동했습니다. 경기 도중에 넘어진 소말리아 출신 영국 선수 모 파라(33)가, 불리한 모든 조건을 넘어서서 놀랍게도 맨 처음으로 결승선을 통과하더군요. 100미터 단거리 경주가 아니라 1만 미터 경주라 가능한 이야기였겠지만, 42.195 킬로미터를 달려야 하는 마라톤에서도 한 번 넘어져 리듬을 잃고 부상을 당하면 좋은 기록을 낼 수 없다는 것이 정설이기에, 파라 선수의 우승은 대단한 기적이었다고 볼 수 있을 듯합니다.

인생은 1만 미터보다 엄청 길고 먼 거리와 시간을 살아가는 거잖아요. 중간에 넘어지거나 다쳤거나 실패하거나 뒤통수 맞아 널브러져 다시는 일어나고 싶지도 않아졌다 해도, 우리가 경주를 다 끝내지 않은 이상 결말은 아직 정해진 것이 아닙니다.

낙심스러운 절망과 배신감을 쫓아버리고, 필요하다면 찢어버리고, 나은 결말을 위해 희망으로 일어나는 당신과 저이기를 소망하며 기도합니다.

성경은 이렇게 인생에 뒤통수 맞아 널브러졌다가 다시 일어난 이들의 기적 같은 이야기로 가득 차 있습니다만, 그 중에도 압권인 이야기는 예수 그리스도의 죽음과 부활 사건이 아닐까 싶습니다.

'기대할 수 없는 사람에게 멋대로 기대를 걸었다가 그 기대가 허물어지는 것'을 배신이라 한다고 누군가는 말했지만, 예수님을 따르던 이들은 그 분이 수 차례 죽음과 부활에 대해 언급하셨는데도 도무지 알아듣지를 못했습니다. 그저 '저 분은 메시아이시니, 나중에 왕 되시면 한 자리 해야지. 다른 놈이 나보다 잘 보이면 안 되는데.' 하는 허무한 기대 심리만 가득했었죠. 그들의 기대와는 달리, 예수님은 수치스럽고 억울한 십자가 처형으로 허무하게 죽음을 맞았고, 이 일은 그 분을 따르던 제자들에게 생애 최고의 낙심과 절망을 심어 주었습니다. 제가 드라마 결말에 대해 느낀 분노하고는 감히 비교 불가능한 수준이었겠지요. 죽어버렸는데, 뭘 더 기대하란 말입니까? 3년의 고생과 기대가 한 순간에 날아가 버렸습니다. 기대만 날아갔으면 다행이게요? 목숨을 걱정해야 할 처지가 됐습니다. 반역자 예수당이었다고 알려지기라도 했다간 줄줄이 처형되지 않을까 겁이 나서 덜덜 떨어야 했습니다.

그런데 그 꽉 닫힌 허무한 결말을 다 뒤집어 엎는 놀라운 사건이 일어납니다. 예수님의 인생 이야기는 이미 비극적 죽음이라는 어이없고 슬픈 결말로, 죽음이라는 세력의 승리로 끝난 줄 알았는데, 그 분이 결말을 찢어버리고 무덤 문을 열고 다시 등장하신 겁니다. 결말의 반전이자 전혀 다른 시즌 2의 시작으로 말입니다.

사랑하는 당신, 예수님은 하나님의 독생자이시지만, 완전한 인간이셨습니다. 끝나버린 인생, 실패로 얼룩진 인생에게 '실패도, 죽음도 끝은 아니다'라고 새 소망의 시작이 되어주시기 위해 세상에 오셨습니다. 죽음이 끝이라고 정해진 인생의 결말을 그 몸의 부활로 다 찢어버리시고 "아니, 결말은 너와 내가 새로 다시 쓰는 거야. 마귀와 세상이 낸 결말은 이제 아무것도 아니야. 거기에 너무 집착하고 슬퍼하지 마!"라고 새 길을 열어주신 분입니다.

이렇게 쓰고 보니, 예수님을 믿는다고, 소망을 품고 산다고 말

은 해 놓고, 고작 드라마 결말이 맘에 안 들고 비논리적이라고 분노
하고 울부짖던 저 자신이 엄청 부끄럽네요. 그런데 제 이런 모습이
또한 현실 속에서 힘겨워 허덕이는 우리 인간의 모습이 아닌가 싶
습니다. 실패와 비극은 바위처럼 우리를 짓눌러 그 무게에 질식할
것 같고, 소망은 너무 멀리 손닿지 않는 곳에 떨어져 있는 것 같아
서, "얼른 일어나. 끝이 아니야. 소망을 가져!"라는 권고가 오히려
더 짜증스럽고, "그래. 넌 참 속 편해서 좋겠다."라는 비틀린 말이
절로 튀어나올 것만 같은 느낌, 아시죠? "뭐, 그 정도 가지고 그러
느냐?" 는 이들에게 "네가 겪어 봐. 너한테는 대수롭지 않은 일인지
몰라도 나한테는 온 우주가 걸린 일이었어. 너한테도 그런 게 있잖
아. 네가 절망을 알아? 뒤통수 맞은 배신감을 알아?"라고 마구 쏘
아붙여 주고 싶은 기분, 우리 알잖아요. 아니, 이런저런 말도 아예
하기 싫어서 다들 날 그냥 좀 내버려뒀으면 싶어지는 우울함과 무
기력함이 우리를 온통 두르는 그런 시간들이 있잖아요.

그럴 때에, 실컷 슬퍼하고 분노한 후에는, 그대로 어둠 속 닫힌
결말 속에 주저앉아 있지 말고, 부활하신 후에도 손바닥과 옆구리
에 못 자국과 창 자국을 지니고 계셨던 예수님(요 20:24-28)의 거친
손을 잡아 보시길 권합니다. 부활하신 예수님의 상처는 의심하는
제자들로 하여금 그 분이 바로 그 예수님 — 십자가에 달려 죽은 걸
로 비극적 결말을 맞은 줄로만 여겼던 — 이 맞다는 것을 일깨워주
고, 그 분이 새 결말을 세상에 가져오셨다는 것을 확신하게 만드는
증거가 되는 것 같아요. 예수님 손의 그 못 자국, 옆구리의 그 창 자

국을 만지고 바라보며, 우리는 "힘들고 죽을 거 같아도 인생은 끝나지 않았어. 상처는 났어도, 피는 줄줄 흘렸어도 다른 결말과 인생 2막이 기다리고 있어."라고 소망과 믿음을 얻을 수 있습니다. 모쪼록 당신께 알게 하시고 믿게 하시는 하나님의 은총이 넘치기를 소망합니다.

견딜 수 없이
몸이 아픈
당신께
-

몸은 소중하지만,
당신과 저의 존재
전부일 수는 없습니다.

여기도 아프고 저기도 아프고 삭신이 쑤시고 안 아픈 곳이 없다고 하는 누군가에게 어떤 이가 단호하게 말하더군요.

"세상에 안 아픈 사람은 하나도 없어. 다 참고 사는 거야."

맞는 말씀입니다. 아무리 건강해 보이는 사람일지라도 몸에 아픈 곳이 단 한 군데도 없는 사람은 없을 거예요. 그래서 웬만한 고통은 참고 아픈 걸 내색하지 않으며 사는 것이 몸을 지니고 살아가는 우리의 어려움 중 하나인지도 모르겠습니다. 그런데 아프다는 누군가에게 우리는 꼭 그렇게 "사람은 다 아픈 거다. 그러니 엄살 부리지 말라."고 서늘한 진실만을 전해야 하는 걸까요? 아픔을 다 낫게 해 줄 수는 없더라도, 아프다는 데에 공감해주고 따뜻한 위로와 격려의 이야기 한 마디를 전해줄 수는 없는 것일까 생각했더랬습니다.

이 편지를 받으시는 당신도, 지금 어딘가가 아프신가요? 어디가 어떻게 얼마나 아프신가요? 견딜만하신가요? 병원에는 가 보셨어요? 의사는 뭐라고 하던가요?

몸이 아프다는 것은 마음이 약해지고 서러워지는 경험입니다. 어려도, 나이가 들어도, 가벼운 편두통이어도, 시한부 판정을 받은 중병이어도, 정도의 차이만 있을 뿐, 병을 짊어진 이가 느끼는 고통과 외로움, 두려움은 본질적으로 차이가 없습니다. 그리고 몸이 아프면, 해야 할 일, 하고 싶은 일을 하는 데에 직접적인 어려움이 찾아옵니다. 학교 가기 싫어 배가 아프다는 아이에게 어른들은 꾀병이라고 꾸짖으시지만, 그 아이는 실제로 복통을 느낍니다. 어려운 의학 용어로 '신체화 장애'라고 부르는, 스트레스 때문에 원인 없이 진짜로 몸이 통증을 느끼는 상태가 되는 거지요. 아이 나름대로는 얼마나 억울하겠어요. '나, 진짜로 아픈데……'

"긴 병에 효자 없다"는 슬픈 말이 있듯이, 사람은 아픈 상태를 싫어하고 아픈 사람을 싫어합니다. 아프다는 것은 아픈 본인에게나 주변 사람들에게나 힘든 일이죠.

저희 가족은 모두 몸이 약합니다. 단순히 약할 뿐만 아니라 모두 큰 수술을 여러 차례 받았고 지금도 많은 약을 복용하고 정기적으로 치료 받으러 병원에 갑니다. 부모님께서 연세가 드시니까 크고 작게 편찮으신 부분들도 늘어가더라고요. 이렇게 저렇게 불편하고 힘이 달린다고 호소하시는 부모님께 의사는 간단히 대답하곤 합니다. "이제 연세가 있으시니까 노화가 진행되시는 거예요. 노화는 어쩔 수가 없습니다."

아, 이렇게 서글픈 말이 또 있을까요? 아픈 것도 서러운데, 몸이 점점 헌 상품이 되어가는 거니까 어쩔 수 없다니요.

몇 년 전 저는 갑작스럽게 원래 없던 알러지 증상이 생겼습니다. 그 전에는 호두를 참 좋아했었는데, 언젠가부터 호두를 먹었다하면 목이 꽉 막히고 기침이 멈추지 않으면서 숨쉬기가 힘들어지는 거예요. 면역력이 떨어졌나 보다 생각하면서 매우 용하다고 알려진 이비인후과를 찾아갔습니다.

"원래 없었던 알러지니까 고칠 수 있는 방법이 없을까요?"

진지하게 묻는 저에게 그 분야의 최고 전문가라는 의사 선생님은 간단하게 대답하시더군요.

"안 드시면 됩니다."

세상에! 그런 처방이라면 저도 내릴 수 있겠더라고요. 저는 한 번 더 질문했습니다.

"그렇죠. 안 먹고 안 만지면 되는 거 아는데요, 원래 없었던 알러지가 생긴 데에는 무언가 다른 원인이 있을 수 있잖아요. 그러니까 그 다른 원인을 찾아서 치료할 방도가 없냐고 여쭈어보는 거예요."

이 질문에 돌아오는 대답 역시 단호했습니다.

"알러지란 없다가 갑자기 생길 수도 있어요."

네. 그렇군요. 대체 제가 병원에 왜 갔는지 뭘 기대했던 건지 스스로가 바보스럽게 느껴진 순간이었습니다.

갑자기 생긴 알러지니까 갑자기 나을 수도 있지 않을까 기대하며 저는 간혹 호두를 먹어보는 시도를 멈추지 않고 있습니다. 그런데 지금까지는 별로 달라진 게 없네요. 병이 갑자기 생기는 건 쉬운데 갑자기 낫는 일은 기적에 가까운 일인가 봅니다.

사실 제가 예로 든 이야기는, 아주 귀여운 수준의 투정에 지나지 않습니다. 세상에 너무나 힘들고 무거운 질병의 짐을 지고 살아가시는 분들이 얼마나 많은가요. 약과 치료 방법이 있어도 그에 따르는 비용과 고통이 너무 커서 이러지도 저러지도 못한 채 힘들어하는 이들, 병의 원인조차 알 수 없어서 이곳저곳을 전전하다가 체념 상태에 빠진 채 고통을 감내하는 이들, 당장 목숨이 위태롭거나 활동에 큰 지장이 있는 것은 아니지만 크고 작은 통증에 아파하며 "아이고!"를 외치는 이들…… 그래서 어떤 이들은, 인간의 육신이란 정말 쓸모없는 것이라고 생각하면서 영혼 단련만을 고집했나 봅니다. 소중한 몸이지만, 이 몸이 감당해야 할 연약함이 너무 크고 고생스러우니 말입니다.

오래 질병과 아픔에 시달리다 보면 부작용도 생겨납니다. 몸의 고통을 잠시나마 잊어보거나 누그러뜨려 보려고, 몸에 더 안 좋은 술과 담배, 잘못된 약물에 의존하다가 중독되기도 합니다. 아프다는 이유로 화를 내고 예민하게 굴면서 가족과 주변 사람들을 괴롭히게 됩니다. 일을 못하게 되거나 능률이 떨어지니 자신감도 없어지고 초조해지고 쓸모없는 존재가 되어간다는 생각에, 짜증과 분노, 원망과 설움이 맘속에 켜켜이 쌓여갑니다. 고칠 수 있는 모든 방법을 동원해 보았는데 낫지 않으면, 자신을 고치지 못하는 의사들을 원망하고, 하늘의 신을 미워하게 되기도 하지요.

신약 성경의 복음서와 사도행전을 읽다 보면, 예수님과 그 제자들이 세상에서 한 매우 중요한 일들 중 한 가지가 바로 질병을 몰아내고 고쳐주는 '치유' 사역이었음을 알 수 있습니다. 예수님은 그

분께 나아오는 수많은 병자들을 각각 다른 방식으로 고쳐 주셨고 어루만지셨고, 제자들에게도 그 능력을 나누어 주셨습니다. 인간에게 구원과 자유를 주시기 위해 오신 예수님의 뜻이, 단순히 영혼을 살리는 데에만 머무르는 것이 아니라, 몸의 질병도 고쳐 주시는 데 있음을 믿게 해 주는 대목입니다.

그렇지만 이 부분에서 주의해서 볼 부분이 있어요. 예수님은 이스라엘 전국에 흩어져 있는 모든 환자들을 전부 다 고치시지는 않았고, 제자들과 사도들 역시도 전 세계를 돌면서 당시의 모든 질병을 다 없애버리는 일은 하지 않았다는 사실입니다. 질병은 정복되어야 할 무섭고 슬픈 고통이고, 세상 마지막 날에는 완전히 사라질 우리의 원수들 중 하나이지만, 아직은 이 세상 우리 가운데에서 그 역할이 있다는 쓸쓸한 현실을 바라보게 됩니다.

예수님의 직계 제자는 아니었지만, 예수님의 음성을 듣고 회심하여, 교회 박해자에서 가장 열정적인 복음 전도자로 변화되고, 신약 성경의 많은 부분을 저술하게 되어 기독교 신학의 토대를 형성한 인물이라고 일컬어지는 사도바울을 생각해 봅니다. 그가 받은 치유의 능력이 얼마나 놀라웠는지 사도행전 19장 12절에 따르면 '심지어 사람들이 바울의 몸에서 손수건이나 앞치마를 가져다가 병든 사람에게 얹으면 그 병이 떠나고 악귀도 나가더라.'고 전해질 정도였어요. 정말 놀랍지 않습니까?

그런데 말이죠. 이렇게 대단한 병 고치는 능력을 받아 누렸던 사도 바울 본인은 평생 몸이 아팠습니다. 그래서 의사 누가가 거의 항상 전도여행에 동행하여 그를 돌보아야 했습니다. 어이가 없는 일이죠. 다른 사람은 손쉽게 고쳐주는 사람이, 막상 자기 병은 전혀 고칠 수 없어서 주치의를 대동하고 다니다니요. 뭔가 문제 있는 거 아닙니까? 사도 바울 시대의 주위 사람들도 다 그렇게 뒷담화를 했을 것 같아요.

"거 참. 남들 병은 잘도 고치면서 자기 병은 못 고치네. 그것도 기술이라면 기술이다. 믿음이 부족한 거야? 성질이 못돼먹어서 그런 거야? 우리더러 이래라저래라 하지 말고 자기 병이나 고쳐서 민폐 끼치지 말라 그래. 원, 참. 교회에 덕을 세우라면서, 본인이 제일 덕 안 되는 건 아나 몰라? 염치도 없지."

사도 바울 본인도 자신의 어처구니없는 상태가 참담하고 창피하고 사람들 볼 면목이 없었을 것입니다. 그래서 좀 떳떳해져 보려고 남몰래 노력도 해 봤는데요. 자신이 무슨 노력을 어떻게 했는지 편지로 고백도 했습니다. 고린도 교회에 보내는 서신에서 바울은 이렇게 썼어요.

"이것(육체의 가시)이 내게서 떠나가게 하기 위하여 내가 세 번 주께 간구하였더니(고후 12:8)."

제발 질병을 고쳐 주십사 하나님께 기도를 세 번이나 했었다는 겁니다.

"겨우 세 번? 그게 뭐야?"하시면 곤란합니다. 사도 바울 입장에서 세 번 간구했다는 것은, 아마도 목숨을 건 금식기도 혹은 40일 작정기도를 세 차례 했다는 뜻이었을 테니까요. 같은 기도제목으로 한 번 작정 기도하는 것도 얼마나 힘겨운 일인데요. 그 간절한 기도가 내 소원대로 응답받지 못하고 끝나면 인간적인 생각으로는 사실 기도고 뭐고 다 때려치우고 싶은 마음이 드는 게 보통 사람 심정일 것입니다. 그런데 사도 바울은 굴하지 않고 무려 세 번 하나님께 육체의 가시를 제거해 주십사 구했습니다. 그 불같은 성정에 대충 구했겠습니까?

"하나님, 제가 세계를 돌며 선교여행을 해야 하고 아직 할 일이 많은데, 늘 아프고 그 아픈 내용 자체가 남부끄러워서 도대체 교회와 복음에 덕이 안 됩니다. 민폐를 끼치는 것은 예사고, 남들이 제가 믿음이 있는 게 맞냐고, 하나님의 사람이 맞긴 한 거냐고 의심스러워합니다. 주님 영광 가리고 싶지 않습니다. 건강하게 더 많은 일 덕스럽게 감당하고 싶습니다. 고쳐 주시옵소서!"

눈물로 기도했겠지요. 그런데 하나님께서는 사도 바울 그리고 대다수 사람들과는 다른 의견을 가지고 계셨어요. 편지의 이어지는 구절에서 사도 바울은 고린도 교회의 성도들과 오늘날을 살고 있는 우리에게 하나님의 응답 말씀을 전해 줍니다.

"나에게 이르시기를 내 은혜(주님의 은혜)가 네(바울)게 족하도다 이는 내 능력이 약한 데서 온전하여짐이라 하신지라(고후 12:9)."

하나님께서 바울을 너무 자만하지 않게 하시려고(고후 12:7) 육체의 가시를 주셨다고 깨닫고, 바울 자신이 약한 그 때에 그리스도의 능력이 강하게 드러난다는 응답을 받아들여 약한 것을 자랑하겠다(고후 12:10)고, 바울은 질병을 끝내 안 고쳐주신 하나님의 뜻을 감사로 받아들입니다.

그러나 믿음 떼고 하나님의 뜻에 겸손히 순종함 떼고, 고통 받는 환자나 그 가족으로서 이 응답을 감사히 받기란 정말 어려운 일입니다.

"그냥 고쳐주셔도 될 걸, 꼭 이렇게 응답하셔야만 하나요?"라고 항변하고 싶습니다. 이런 실화도 있습니다. 미국의 어느 저명한 신학자의 사랑하는 아내가 그만 죽을 병에 걸리고 말았습니다. 그 신학자는 병원에서 치료를 포기한 아내를 데리고 전국 각지의 치유 은사집회를 찾아다니고 안수 받으며 하나님께 간절히 기도했답니다.

"하나님, 제 아내를 치유해 주신다면, 제가 평생 동안 요즘 이 시대에는 기도와 믿음만으로 치유의 기적이 일어나지는 않는다고 주장했던 것을 다 철회하고 하나님의 고치시는 능력을 전하겠습니다. 제발 제 아내를 살려주십시오!"

이 분이 유명한 신학자라 이 분의 아내가 치유되면 큰 이슈거리가 될 거라 생각하고서 치유 기도하시는 은사자들도 정말 열심히 최선의 기도와 노력을 다했대요. 그런데 하나님은 그 기도에 기적으로 응답하시지 않았답니다. 결국 그 신학자의 아내는 하나님의 부름을 받아 소천했는데, 그 분은 안타깝게도 바울 같은 고백을 할 수가 없었습니다. 이후로 그 신학자는 "현대의 교회에서, 믿음의 기도와 치유의 은사로 불치병이 낫는 기적은 절대로 없다!"고 완고하게 주장하는 사람이 되고 말았대요. 씁쓸한 예지요. 고쳐주셨으면 여러 모로 좋았을 걸 왜 하나님은 그 아내 분을 고쳐주지 않으셨을까? 먼저 회개하지 않은 그 신학자의 고집과 완고함이 문제였을까? 여러 가지 생각을 해 볼 수는 있지만, 그 모든 것들이 다 인간의 추측일 뿐, 확실한 것은 지금 알 수가 없다는 사실뿐입니다.

비슷한 다른 이야기도 있습니다. 대구 지하철 화재 사고(2003년) 때 외동딸을 잃은 어느 목사님은 "더 이상 성도들 앞에서 믿음과 기도를 말할 수 없고, 말씀을 전할 기력이 없다."고 교회를 사임하고 사슴을 키우면서 살아가고 있다 하죠. 마음의 상처가 얼마나 컸으면 그렇게까지 할 수밖에 없었을까? 같은 연약한 인간으로서 이해가 되기도 합니다.

누구나 다 질병 앞에서, 사랑하는 이의 고통 앞에서, 치유의 기적을 베풀어 주시지 않는 하나님의 침묵 혹은 거절에 대해서, 사도 바울 같은 강한 믿음의 능력을 나타낼 수는 없습니다. 어쩌면 사도 바울도 그 믿음과 기쁨을 고백하며 약한 것과 육체의 가시를 자랑할 수 있게 되기까지 세 번의 작정기도가 필요했는지도 모르지요.

그만큼 몸이 아프다는 것, 치료되거나 나아질 가능성 없이 고통에 시달리며 마지막 숨이 끊어지는 순간으로 나아가는 것 말고는 아무것도 할 수 없다는 것은 속상하고 허무하고 슬픈 일인 겁니다.

사도 바울의 '육체의 가시'는 무엇이었을까요? 기쁨과 감사함으로 자신의 연약함을 자랑하겠다고 고백하면서도 그는 자신이 일생 감내해야 했던 질병이 무엇인지 끝내 알려주지 않습니다. 어쩌면 사도 바울의 시대에는 그의 병이 하도 유명하고 모르는 사람이 없는 상태라 굳이 언급할 필요를 못 느꼈는지도 모르지요. 하지만 저는 그가 하나님의 뜻을 받아들이면서도 자기의 병에 대해 자세하게 이야기하고 나누는 일 자체는 여전히 힘들게 느끼지 않았을까 조심스럽게 생각해 봅니다. 이상하고 왜곡된 형태로라도 남들의 관심을 얻어내고 싶어 하는 관심병 환자나 애정결핍에 시달리는 사람이 아닌 이상, 결코 아름다울 수 없는 자신의 질병의 무거운 짐에 대해 시시콜콜 말하고 싶은 사람은 거의 없을 테니까요. 성경을 연구하는 학자들이 사도 바울의 생애를 통해 그의 '육체의 가시'가 무엇이었을지 여러 가지로 의견을 내놓았지요. 어떤 이는 아마도 '뇌전증'(보통 간질 발작이라고 부릅니다)을 앓고 있지 않았나 하기도 하고, 다메섹 도상에서 예수님을 만나던 순간 강한 빛을 보고 사흘 동안 앞을 보지 못 했던 사건(행 9:3-19)을 들어 그가 평생 안질과 나쁜 시력으로 고생했을 것이라 주장하기도 합니다. 사람들 앞에서 선배이자 교회 유명 지도자인 베드로를 꾸짖는 일도 서슴지 않는 강직한 열혈 성향(갈 2:11-14)으로 볼 때 스트레스성 위장 질환에 시달렸을 수 있다는 가설도 있을 정도죠. 혹시 이 모든 질병을 다 끌어안고 살았던 것은 아닐까요?

믿음으로 질병과의 평생 동행을 수용한 사도 바울조차 자신의 질병에 대해 길게 언급하길 꺼렸을 것으로 여겨지니, 평범하고 연약하기까지 한 믿음으로 버티고 있는 우리, 혹은 아예 믿음 반 의심 반인 이들, 더 나아가 믿음이라고는 찾아볼 수 없고 믿음에 관심도 없는 이들이, 질병의 무거운 짐을 지고 살아가려면, 대체 얼마나 큰 위로와 용기와 사랑이 필요할지 상상하기조차 힘겹네요.

그럼에도 우리가 절망하지 않고 우리의 질병의 무게에 짓눌리지 않고 소망을 품을 수 있는 이유는 이 질병을 통해서도 우리가 더 나은 존재로 변화되어갈 수 있고, 이 육체의 연약함이 우리 인생의 끝이 아님을 기대할 수 있기 때문일 것입니다.

평생 질병에 시달리며 주치의 누가까지 대동하고 다녀야 했던 사도 바울은 건강한 다른 복음 사역자들보다 더 아픈 이들에 대해 애틋한 마음을 갖고 있지 않았을까요? 그 꼿꼿한 성격에 믿음의 기도로 병이 나았거나 건강했다면 "기도를 덜 해서, 믿음이 부족해서 병이 안 낫는 거다!"라고 아픈 이들을 더 아프게 질책했을지도 모르죠. 하지만 그는 일생 동안 많이 아팠고, 하나님께서 자신을 통해 남들은 고치시면서도 막상 자신은 고쳐 주시지 않겠다고 하시는 거절의 '특별한 은혜'를 체험했기 때문에 믿음의 기도만으로 모든 질병이 당장 낫는 건 아님을 겸허히 수용할 수밖에 없었죠. 그러니 그 뜨거운 열정에, 아픈 이들에 대한 사랑과 연민이 더욱 끓어 넘치지 않았을까 감히 생각해 봅니다. 혹시 그 마음이 흘러 넘쳐서 그의 손수건이나 앞치마만 얹어도 병이 싹 낫는 '그리스도의 놀라운 치유의 역사'의 통로가 될 수 있었던 거 아닐까요?

질병에 대한 사도 바울의 연민과 공감은 양자나 다름없는 후배 사역자 디모데의 건강에 대한 염려를 편지에 담은 것에서도 나타나지요.

"이제부터는 물만 마시지 말고 네 위장과 자주 나는 병을 위하여는 포도주를 조금씩 쓰라(딤전 5:23)."

오, 여기에는 디모데가 어떤 질병을 앓았는지도 적혀 있군요. 사도 바울은 디모데에게 "네 위장병은 네가 하나님을 온전히 의지하지 않고 사람들에게 너무 신경을 쓰니까 자주 발생하는 거다. 그러니 더욱 열심히 부르짖어 하나님을 의지하는 신앙을 강화하고 사람들 시선이나 뒷담화에 신경 쓰지 않는 담대함을 키우도록 해. 그리 심약해서야 어디 주의 일을 감당하겠니?"라고 야단치지 않습니다. "일반인은 물론이려니와 무릇 주의 일을 하는 자들은 다 몸 어딘가가 아픈 것이니 힘써 자제하고 살아 있는 동안 몸 아끼지 말고 죽도록 일하라."고 하지도 않았습니다. 세상 모든 사람이 다 아프다지만, 그렇다고 그 사실이 지금 내가 아프다는 고통스러운 현실을 어떻게 바꾸어주는 게 아님을 알고 있었으니까요. 그래서 사도 바울은 지극히 걱정하는 마음으로, 나름대로 당대로서는 최고의 대응 방식을 생각해가면서 권고합니다. "너, 경건히 살겠다고 성찬 포도주 외에는 술 한 방울 입에 안 대는 거 잘 안다. 하지만 몸이 그렇게 아프잖니. 몸 생각해서, 물만 마시지 말고 — 당시의 그 쪽 물이 생수나 미네랄워터일 리는 없었을 거예요. 수질이 좋지 않았을 것입니다. — 포도주도 (약으로) 조금씩 쓰도록 해." 엄한 스승이나 아버지가 아니라 마치 아들 건강 챙기는 자상한 어머니와 같습니다. 이 말씀을 처음 디모데전서에서 발견했을 때, 저는 사도 바울이 디모데의 건강을 얼마나 세심하게 신경 썼나 느껴져서 뭉클했었습니다. 아파 본 사람만이 아픈 사람의 아픔과 슬픔을 제대로 아는 거죠.

　하나님께서, 질병을 고쳐 달라고 눈물로 기도하는 모든 이들을 한꺼번에 싹 다 기적처럼 고쳐주시지 않는 이유, 때로는 일찍 하늘로 불러 가시고, 대부분은 일생 크고 작은 질병의 짐을 지고 가며 겸손히 허리를 굽히게 하시는 이유 중의 하나는 바로 여기에 있지 않을까 감히 추측해 봅니다.

　'세상의 아픈 사람들을 잊지 말라! 아파하는 이들의 고통에 공감하고, 위하여 서로 기도하며 불쌍히 여기고 겸손하라.'

　예수님으로 인해 이 세상에 하나님의 나라가 시작되었으나, 세상은 아직 어둠과 죄의 세력에 묶여 있습니다. 그러니 질병의 아픔도 아직은 세상 전체에서 완전히 사라질 수 없어요. 그런데 예수님 믿고 기도 열심히 한 사람들이 죄다 아프지도 않고 펄펄 날아다니게 된다? 선교에 엄청 도움이 될 거 같지만, 복음의 본질인 '하나님과의 온전한 관계 회복'에는 이르지 못한 채 그저 '병원 종교'가 되어버릴지도 모를 일입니다. 하나님을 모른 채 육체의 질병만 나아버린다는 게 과연 온전한 복일 수 있을까요? 병 고침의 기적은 일시적인 믿음을 불러일으키긴 하지만, 그것은 진정한 하나님 백성이 되는 첫 걸음마일 뿐 결코 전부는 될 수 없습니다. 그리고 예수님을 믿으면 모든 사람들의 질병이 당장 다 고침 받는다고 해도, 그런 일이 실제 일어난대도, 분명히 고집 부리며 오지 않는 이들이 있을 것이고, 다 나은 후에는 다시 옛 죄악으로 돌아가버리는 이들도 생겨날 것입니다.

아마도 그래서 하나님은 답답하고 느리고 속 터지고 속상하지만, 천천히 꾸준히 완전한 사랑에 이르는 방식을 허용하시는 것 같아요. 하나님의 은혜로 큰 질병을 고침받고 믿음으로 나아오는 이도 있게 하시고, 질병과 더불어 인생길을 걸어가면서 더욱 하나님을 의지하고 주위의 아픈 이들의 짐을 함께 들어주고 같이 아파하고 기도해주는 이도 있게 하시고, 혹은 세상의 고통에서 벗어나 하나님의 품에서 편히 쉴 수 있도록 부르시고, 남겨진 이들에게는 하나님을 깊이 생각하는 긴 여행을 떠나게 하시기도 하고…….

질병의 짐을 지고 가는 인생이 더 겸허히 하나님을 의지하게 된다는 것은 제 부끄러운 일화를 통해서도 말씀드릴 수 있습니다.

약시인 제가 20-30대에 제 눈을 너무 혹사하고 살아왔다고 저를 진단하신 여러 의사 선생님들이 말씀하셨었어요. 그래서 그나마 남아있는 왼쪽 눈의 약한 시신경이라도 잘 지키도록 무리하지 말라고 신신당부하셨죠. 하지만, 세상에 눈을 안 쓰고 할 수 있는 일이 몇 가지나 되나요? 깡으로 정신력으로 버틸 수 있는 것도 30대까지만 이었는지, 2016년을 맞이하면서부터 제 눈은 자주 말썽을 일으키기 시작했어요. 갑자기 눈앞이 뿌옇게 흐려지거나 검게 물들면서 30초 이상 아무것도 보이지 않는 상태가 시도 때도 없이 일어났고, 책을 읽어야 하고 공부도 해야 하는데, 책만 들여다보면 격한 두통과 구토 증세가 시작되는 일도 잦아졌습니다. 그러니 점점 공부와 일의 능률성도 효율성도 떨어져갈 수밖에요. 급기야 저는 심각한 불안감에 시달리기 시작했습니다. '이제부터 본격적으로 일해야 할 시기인데, 눈이 아예 안 보이게 되면 어떡하나? 아무리 약시라도, 그래도 한쪽 눈이 보이는 것이 아예 안 보이는 것보다 비교할 수 없이 감사하고 편리한 일인데…… 어떡하면 좋을까?'

기도를 해도 상태는 쉽게 나아지지 않았습니다. 저의 불안감과 낙심은 점점 심해져갔죠. 눈을 감고 가만히 누워 쉬고 있을 때에도 마음과 생각은 쉴 수가 없었습니다. 그야말로 오만(5만)가지 생각과 감정들이 엉킨 실타래처럼 뒤엉켜 제 시간을 칭칭 옭아매는 느낌이 들었습니다. 생각하고 기도하고를 반복하다 나중에는 눈물을 흘리며 울었습니다. 눈물이 베개를 적신다는 게 무엇을 뜻하는지 그 때 알게 되었어요. 아무것도 할 수 없어서 누워서 눈물을 흘리면 그 눈물이 고스란히 베개에 스며듭니다. 그렇게 몇 시간을 울다 보면 축축해진 베개가 마치 절망과 두려움에 절어 무거워진 솜 같은 제 상태처럼 여겨져 슬펐습니다. 그러다 보니 나중엔 호흡 곤란까지 오더라고요.

그렇게 몇 주일이 지나갔습니다. 주일 저녁 예배 시간에 말씀을 전하고 있는 중에, 그 순간 제가 전하고 있던 말씀과는 다른, 빠르고 강한 말씀의 번개가 갑자기 제 마음속에 번쩍 선명하게 꽂혀왔습니다. 처음 말씀은 시편의 한 구절이었습니다. "내 영혼아 네가 어찌하여 낙심하며 어찌하여 내 속에서 불안해하는가. 너는 하나님께 소망을 두라 그가 나타나 도우심으로 말미암아 내가 여전히 찬송하리로다(시 42:5)." 그 말씀은 제가 즐겨 암송하던 좋아하는 구절이었고 여러 번 그 본문으로 말씀도 전했었습니다. 하지만 그 때 그 순간처럼 말씀의 글자 하나하나가 제 안에 쏟아져 내려와 박히는 것 같은 체험을 한 것은 처음이었습니다.

그리고 이어지는 기억이 하나 더 있었습니다. 제 의식 속에서 잊혔던 몇 년 전의 어느 순간이 갑자기 선명하게 떠올랐습니다. 그때는 가을 노회 기간이었습니다. 오후 휴식 시간이었는데, 노회에 또래의 동기나 지인들이 없는 저는 그 시간이 늘 불편하고 외로웠지요. 그 날 그 시간에도 특별히 할 일도 없고 밖에 나가 돌아다닐 수도 없어서, 성경을 이리저리 뒤적거리고 있었더랬습니다. 그 때 눈에 들어온 말씀이 출애굽기 4장이었습니다. 애굽으로 가서 이스라엘 백성을 이끌어내라는 하나님의 부르심에 모세가 도저히 못 간다고 버티는 대목입니다.

"모세가 여호와께 아뢰되 오 주여 나는 본래 말을 잘 하지 못하는 자니이다. 주께서 주의 종에게 명령하신 후에도 역시 그러하니 나는 입이 뻣뻣하고 혀가 둔한 자니이다. 여호와께서 그에게 이르시되 누가 사람의 입을 지었느냐 누가 말 못 하는 자나 못 듣는 자나 눈 밝은 자나 맹인이 되게 하였느냐. 나 여호와가 아니냐. 이제 가라. 내가 네 입과 함께 있어서 할 말을 가르치리라(출 4:10-12)."

이 말씀 뒤로도 모세가 보낼 만한 자를 보내시라고 자기는 못 간다고 고집부리다 하나님께 혼나는 장면이 이어집니다만, 그 시절 그 시간에 딱 저 부분 말씀만 제 눈에 확 들어왔습니다. 그리고 신기하게도 "내가 네 입과 함께 있어서 할 말을 가르치리라"는 말씀 위에 저에게 주시는 말씀이 덧씌워져 보였습니다. "내가 네 눈이 되어서 너로 보게 하고 네 길을 가르치리라. 내가 네 눈이 될 것이다."

'참 은혜로운 말씀이다 신기하네.'라고 당시에 감사로 받았고 일기장에도 적어 두었습니다. 그러나 본래 의심이 많고 약아빠진 저는 '내 눈이 되어주신다는 건 지금 당장 시력이 좋아지게 하신다는 의미는 아닌 거잖아. 그냥 불편하지 않게 해 주신다는 거네.' 하고 매우 안이하게 — 더 정확하게는 시큰둥하게 — 받아들였습니다. 그리고 시간이 지나면서 워낙 여러 일들이 일어나다 보니 그 기억 자체를 아예 잊어버리고 말았던 거지요. 그런데 분명히 말씀을 대언하고 있던 그 순간, 제 마음속에서는 제가 잊었던 그 때의 일이 영화의 한 장면처럼 재생되었습니다.

예배를 마치고 제 방으로 돌아와서 저는 성경과 그 일이 일어났던 당시의 일기를 찾아 펼쳤습니다. 그리고 처음 그 말씀이 내게 주시는 말씀으로 읽혀졌던 때와는 다른 큰 위로를 받았습니다. 그 때는 아직 배가 불렀던 거죠. 눈이 나쁘긴 해도, 갑자기 안 보이는 일은 어쩌다 한 번 일어나는 일이었고, 눈이 아예 안 보이게 될 수도 있다는 불안감에 울고 며칠이고 눈이 아프고 토할 것 같아서 책을 못 읽고 글을 못 쓰는 사태가 일어날 거라고는 상상도 안 해 봤던 (그나마 좀 더 상황이) 괜찮았던 태평성대(?)였던 거예요. 저는 그 날 밤 웃었다가 울었다가, 혼자, 아니, 하나님을 상대로 모시고, 쇼를 했습니다.

여전히 제 눈은 저를 당혹스럽게 합니다. 얼마 전 새벽기도 때

성경말씀을 읽어 올리는데 또 갑자기 눈앞이 뿌옇게 흐려져 글씨가 안 보이는 거 있죠? 적어도 예배의 성경말씀 읽어 올리는 시간에만큼은 그런 일이 벌어지지 않도록 기도하고 나름대로 조심도 했는데, 그 날은 아무 소용이 없더라고요. 말씀은 안 하셨어도 그 날 새벽기도회에 참석하신 교우분들 모두 '아, 목사의 눈에 순간적으로 무슨 일이 생겼구나!' 하고 짐작하셨을 정도로 시간 공백이 꽤 길었습니다. 다행히 복구가 되긴 했지만요. 그렇지만 저는 그 새벽 울지 않았습니다. 불안의 쓰나미가 밀려왔지만 몇 번이고 되풀이해서 시편 42편 5절을 외웠어요. 그리고 스스로에게 말해주었습니다.

"H야, 하나님께서 몇 년 전에, 이런 일이 생기기 이미 훨씬 전에 미리 말씀하셨잖아. 하나님께서 나의 눈이 되신다고…… 나를 보게 하시고 내 길을 가르치시겠다고 약속하셨잖아. 불안해하지 마. 걱정하지 마."

하나님께도 말씀드렸습니다.

"이러하기 때문에, 더욱 주님을 의지합니다. 주님이 제 바로 앞에 빛을 비추시지 않으면 저는 한 걸음도 못 걸어간다는 것을 인정합니다. 제 눈이 되어주신다는 약속만이 제가 믿고 의지할 수 있는 전부입니다."

공부하다가, 글을 쓰다가, 이전에 비해 현저히 느려진 일의 속도에 한숨이 날 때도 있지만, 제가 천 걸음을 다다다 뛰어본들 하나님의 한 발짝보다 작다는 것을 믿기 때문에, 또 한 번 초조함을 내려놓으려 기도합니다.

눈이 잦은 사고를 내지 않고 제 몸이 튼튼하다면, 주님을 덜 의지하고 교만히 행하다가 더 먼 광야 길을 돌고 돌겠지요. 그래서 연약함과 육체의 가시도 기쁨으로 받고서, 그리스도의 능력을 나타낼 기회로 알고 자랑했던 사도 바울을 따라해 보려고 노력 중입니다. 아직 갈 길은 멀지만요. 기도제목들과 제 연약함이, 저를 주님께로 더 가까이 더 깊이 데려다 주기를 기도합니다. 찬송가 373장 "고요한 바다로"의 2절 가사가 질병의 짐을 믿음으로 받아들이는 사람의 고백인 것 같아요. '큰 물결 일어나 나 쉬지 못하나 이 풍랑으로 인하여 더 빨리 갑니다.'

몸이 많이 아프신 당신, 질병의 짐이 너무 무거워 하나님도 이 몸도 다 싫으신 당신, 사실은 우리의 질병을 즉시 완전히 고쳐주고 싶으신 것이 주님의 본심이시지만, 우리가 그 분을 더 잘 알고 의지하여 몸과 마음이 다 건강해지고 성숙해지기까지 참으시고 안타까이 바라보시는 하나님을 꼭 믿으시고 붙잡으실 수 있기를 기도합니다.

우리의 아프고 부족한 자리마다 모든 것이 되어 살펴주시는 하나님을 더욱 의지하며 살아가기로 해요.

이렇게 의미와 소망을 간직하고 살아가려 애를 써도, 때로 너무 많이 고통스러워 몸과 맘이 다 너덜너덜해지는 순간이면, 우리는 '차라리 이 숨이 멈추어 고통이 끝났으면 좋겠다. 누구에게도 더 이상 짐 지우지 않고 고요히 끝났으면……' 하고 생각하게 됩니다.

잔인하다 여기실지 모르지만, 저는 이 고통스럽고 아픈 삶이 인생의 전부가 아니라는 '갈망', 고통도 아픔도 더는 없는 '하나님 나라'에 대한 소망, 우리 고향집을 그리워하게 하는 고달픔이, 하나님께서 이 세상의 질병과 아픔을 완전히 다 쫓아내시지 않고 허용하시는 이유 중 하나가 아닐까 생각해 봅니다.

교회는 다니시는데, 영생에 대한 믿음에는 그리 관심이 없으시고 매우 정정하신 어르신이 한 분 계셨습니다. 어느 날 이 분이 그러시는 거예요.

"세상이 이렇게 점점 좋아지고 신기해지는데 때 되면 여기를 떠나야 한다는 게 너무 아쉬워. 늦게 태어났어야 하는 건데 말이야."

그래서 주위 분들이 말씀드렸죠.

"어르신. 이 세상보다 하나님 계신 천국이 더 좋아요. 여기엔 아픔도 고생도 죽음도 있지만, 하나님 나라에는 그런 게 없어요."

그랬더니 그 분 대답하시기를,

"에잉. 천국보다 세상이 훨씬 재밌지. 텔레비전도 없고 노는 것도 없고 맨 예배만 드린다면서 안 아프고 영원히 살면 뭐하누? 그리고 난 지금도 아픈 데 없어! 난 여기서 오래오래 살 거야."

하시는 거예요.

부럽기도 하고, 안타깝기도 하고…… 아주 복잡한 마음이 들더라고요.

맞아요. 내 몸이 건강해서 하고 싶은 것은 무엇이든 할 수 있고 고통이나 질병이 하나도 없고, 여기저기 욱신거리고 귀도 안 들리고 소화도 안 되고 깜빡깜빡해서 병원에 갔더니 "어르신. 이건 나이 드셔서 생기는 어쩔 수 없는 일이예요." 같은 소리를 영영 안 듣고 살 수 있다면야, 이 세상이 좋지, 하나님 나라 본향집을 뭐 하러 사모하겠어요. 안 가도 그만이고 여기서 좀 더 오래 살아보려고 몸 부림치고 욕심 부리겠죠.

그런데 그렇지가 않잖아요. 많이 아픈, 혹은 과거에는 건강했으나 이제는 더 이상 건강하지 않은, 더 아파질 수 있다는 고통과 두려움 속을 살아가는 우리 대부분은, 아픔도 슬픔도 없는 그 곳을 그리워하게 됩니다. 돌아가야 할 '즐거운 나의 집'을요.

평소에 "나는 무신론자야. 죽으면 끝이지 무슨 천국이니 지옥이니 그런 게 있어? 없어!"라고 주장하시던 분들도, 사랑하는 이의 장례식장에서는 그렇게 말씀하시지 않더라고요.

"좋은 곳에 갔을 거야. 더 이상 아프지도 힘들지도 않고 하고 싶은 거 맘껏 할 수 있는 좋은 데 갔을 거야. 다시 만날 수 있을 거야."

눈시울을 붉히면서 대부분 그렇게들 말씀하시죠. 이대로 이생이 우리의 끝이라면 그건 정말 아니라는 무의식이 사람 안에는 어디엔가 들어 있나 봐요. 인정하든, 인정하지 않든. 그래서 충격적인 이별, 이생의 끝자락에 설 때면 아련하게라도 떠올리고 바라는 거지요. 슬픔도 고통도 없는 곳, 아픈 데 하나 없이 건강히 웃으며 지낼 수 있는 그 집에 가고 싶다고요. 질병의 짐에 허덕이는 분들은 그 집을 사모하고 그리워하는 마음이, 건강한 이들에 비해서 강하고 커지게 되는 거고요. 그런 의미에서도, 질병의 짐은, 슬프지만 소중한 조개의 눈물(진주)같은 역할을 우리들 생에 감당하고 있는 거 아닐까 합니다.

사랑하는 당신, 아프지 마세요. 당신이 아프면 나도 아프다는 말이 감동으로 다가오는 이유는 그 말이 진실을 품고 있기 때문입니다. 한 사람이 아프면 여러 사람들이 함께 앓습니다. 몸으로 마음으로, 상황 속에서…….

아프지 마세요. 건강하시기를 간절히 소망합니다.

그렇지만, 5년 할부 끝나면 자동차도 여기저기 망가지고, 2년 약정 끝나면 휴대폰도 이것저것 기능이 마비되는데, 몇십 년 한 번도 제대로 쉬게 해 주지 못하고 열심히 꾸준히 사용해 온, 질그릇같이 약한 우리 몸이 언제까지나 건강하고 아픈 곳 하나 없기를 바라는 것은 환상이겠지요.

어떤 분은 태어나면서부터 남들보다 더 몸이 약하기도 할 것이고, 어떤 분은 생각지도 못한 병을 얻어 고통스러운 경우도 있을 것입니다. 젊어서는 건강하고 팔팔해서 몸 아픈 설움을 전혀 모르고 살았는데, 세월이 흘러가면서 몸이 점점 약해진다는 것을 느끼고 육체의 한계에 속상하신 분들도 많이 계실 겁니다.

그래요. 맞아요. 우리 인간의 육체는 영원히 건강하지 않습니다. 그러나 이 사실이 당신과 저를 낙심하게 하거나 슬픔에 젖게 하지 않기를 원해요. 우리의 한계를 깨닫기에 더욱 겸손해지고, 서로의 건강과 생명의 시간을 더 소중히 여기며 조심히 최선을 다해 열심히 살아야겠어요. 우리!

　병도 많고 탈도 많은 이 몸에 너무 불평스러워하거나 집착하지 않은 채로, 병도 없고 고통도 없는 영원을 내다보며 준비할 수 있는 지혜가 우리 안에 자리했으면 좋겠습니다.

　지금 이 시간도 병마와 맞서 싸우고 계신 분들, 아픈 이를 돌보고 계시는 분들, 세상 사람들에게서 질병과 고통을 조금이라도 몰아내고자 자신의 시간과 정성을 쏟고 계시는 분들…… 모두모두 힘내시고 그 전쟁에서 이기시기를 기도합니다. 혹여 패했다고 느껴지는 순간이 있어도, 이것이 끝이 아님을 믿고 다시 일어나시기를, 슬픔과 낙담을 이기시기를 마음으로부터 응원합니다.

신체적 장애가
힘겨운
당신께[*]
—

당신의 독특함과
존재 의미를 찾아내세요.

●   본 장은, 글쓴이가 2016년 7월 22일에 경기도 장애인복지회 하남시지부 장애인 재활복지 증
    진대회에서 특강했던 내용을 수정한 것입니다.

●●   금 간 물동이에 관한 이야기는 글쓴이의 다른 책 『피투성이라도 살아있으라』(서울: 하늘향,
    2015), 151-53쪽에 담겨 있는 예화와 같은 내용으로, 브래넌 매닝의 책 『신뢰』, 윤종석 역(서
    울: 복있는 사람, 2004), 171-72쪽에 담긴 내용을 글쓴이가 다시 각색했습니다.

당신, 오늘도 애 많이 쓰셨지요? 고생하셨어요. 자신들과 달라 보이는 당신을 힐끗대는 미묘한 눈빛들, 배려 없는 언행들, 그런 순간들을 맞닥뜨릴 때마다 일그러지고 움츠러드는 마음과 맞서 싸우느라 부디 너무 많이 지치지 않으셨기를 바라면서, 이 글을 띄웁니다.

동화**를 하나 말씀드릴게요. 옛날 물이 귀한 어느 동네에서 있었던 일이랍니다. 온 동네 사람들이 물을 길어다 쓰는 샘에서 멀리 떨어진 집에 물 긷는 하인이 있었습니다. 이 하인은 양쪽 끝에 물동이가 달려 있는 지게를 지고 물을 길으러 다녔는데요, 어느 날, 한쪽 물동이 바닥에 금이 가 버렸습니다. 금이 갔으니 어떻겠어요? 물을 길어 먼 길을 오는 동안 금 사이로 물이 줄줄 새어 버리겠죠. 그런데 하인은 그 사실을 뻔히 알면서도 금이 간 물동이를 버리거나 새것으로 바꾸지 않았습니다. 늘 샘에서 양쪽 물동이에 똑같이 물을 가득히 담아 지고 왔습니다. 집에 도착할 때쯤에는 금 간 물동이엔 물이 절반 정도밖에 남아있지 않았지만 전혀 개의치 않았습니다. 정작 그 사실을 마음에 둔 것은, 금이 간 물동이였습니다. 물동이는 자기 몸에 흠이 생긴 순간, 이제 자신의 가치는 끝장났다고 여겠습니다. 그런데도 주인이 계속 자신의 몸에 물을 가득히 퍼 나르자, 부끄러움과 괴로움을 느끼게 되었습니다. 물을 다 담아오지 못하고 주인을 고생시키면서 절반은 쓸모없이 허비하는 자신이 초라하고 슬펐습니다. 그래서 견디다 못한 금 간 물동이는 어느 날 물 긷는 하인 즉 자신의 주인에게 말했습니다.

"주인님. 정말 죄송하고 부끄러워요. 쓸모없는 저를 제발 그만 버려주세요. 저는 이런 꼴로는 더 이상 존재하고 싶지 않아요."

금 간 물동이의 말을 들은 하인은 그게 도대체 무슨 말이냐고 물었습니다. 물동이는 대답했습니다.

"저에게 물을 가득 담아주셔도 전 그걸 집에까지 담아오지 못하잖아요. 전 제 구실을 전혀 못하는 한심한 물동이예요."

그 말을 들은 물 긷는 하인은 물동이에게 말했습니다.

"넌 큰 착각을 하고 있구나. 어째서 네가 네 구실을 못 하고 물을 허비하고 있다고 생각하지? 난 너를 오직 너만 할 수 있는 일에 사용하고 있어."

주인은 물지게를 지고 샘으로 가는 길에 물동이에게 말했습니다.

"우리가 오가는 길에 피어 있는 아름다운 꽃들을 보았니? 원래 이곳은 메말라서 꽃이 피지 않아. 그런데 내가 우리의 오가는 길에 꽃씨를 뿌렸단다. 그리고 네가 나와 함께 이 길을 지나면서 길에 뿌려준 물이 그 꽃씨들을 이렇게 아름다운 꽃으로 피어나게 한 거지. 난 이 꽃들을 꺾어 주인 어르신의 방을 아름답게 장식하기도 하고 동네 사람들을 즐겁게 하기도 했단다. 네가 아니었다면 할 수 없었던 일이지."

사람들은 흔히 "나에게 이것이 있었더라면, 혹은 저것이 있었더라면……" 하면서 현재 자신의 처지와 환경을 못마땅해 하고 삶에 우울해하며 슬퍼하고 분노합니다. 더구나 그 없거나 부족한 부분이 건강과 신체에 관한 것, 그리고 겉으로 쉽게 확인될 수 있는 것이라면 다른 이들의 따가운 눈길까지 더해져 더욱 힘들 수 있지요.

뿔이 하나만 있는 동물 왕국에서는 아마 뿔이 둘 있는 동물이 이상하다는 평가를 들을 거예요. 모든 사람들이 걷지 않는다면 아마 걷는 사람이 신기하고 이상해 보일 겁니다. 이처럼, 보통과 보통이 아님, 정상과 비정상, 장애 있음과 없음을 나누는 기준이 절대 진리가 아니라 절대 다수에 의해 정해지는 것임에도 대부분의 사람들은, 그 대다수와는 다르게 태어나거나 또는 달라지는 문제를 겪는 이들을 '뭔가 문제가 있는 사람'으로 여깁니다. 많은 사람들이 그렇다 보니, 또 그 대다수에 맞추어진 환경이 소수에게 불편하고 불리하다 보니, 이렇게 저렇게 남과 다른 모습을 지닌 이들 대다수도 스스로를 불쌍하게 여기거나 부끄럽게 생각하거나, 더 나아가 남들과 다른 자기 자신 혹은 환경, 혹은 하늘과 신을 원망하고 분노하며 좌절하게 되기도 합니다. 마치 저 동화에 나오는 금 간 물동이처럼 말이지요.

물론, 이 세상 대다수의 사람과 다른 조건을 가지고 살아간다는 것은, 고되고 불편한 일인 것이 확실해요. 한쪽 눈이 안 보이고 안 경으로 시력 교정이 되지 않는 시각장애 5급 카드 소지자인 제 경우만 봐도 그렇습니다. 일단 웬만한 이들은 마음먹고 노력하면 할 수 있는 운전을, 저는 꿈도 꾸어볼 수 없습니다. 눈이 하나이다 보니 애초에 원근감이라는 개념을 알지 못해요. 남들은 3D 입체 화면으로 보면 생동감이 어쩌고 하는데 저는 3D나 그냥 평면이나 뭐가 다른지 아예 이해를 할 수가 없습니다. 인사성 바른 사람이고 싶지만, 사람들의 얼굴을 기억하고 알아보는 것이 저에게는 공부보다 더 힘듭니다. 한 번도 안 가 본 길을 저 혼자 찾아가는 것, 불가능에 가깝습니다. 이렇게 불편하고 고생스러운 점만 생각하자면, 세상이 저와 당신을 〈장애인〉이라고 다른 이름으로 부르는 것이 화나고 섭섭하지만 '어쩔 수 없는 현실이기도 하구나.' 하고 시무룩하게 체념해버릴 수도 있습니다. 눈이 아예 안 보이는 것도 아닌 제가 이렇게 힘들다 엄살을 부리는데, 더 심한 불편함을 겪고 계신 분들, 또 태어나면서부터가 아니라 삶의 중간에 여러 가지 사고로 이 고생이 낯설고 익숙지 않으신 분들은 단순히 '불편', '남과 다름'이라는 어정쩡한 표현만으로는 다 설명할 수 없는 힘겨움에 맞서며 살아가고 계시겠지요. 어떤 분들은 "이건 사는 게 아니다. 이런 존재로 살아가야 한다면, 난 왜 무엇 때문에 태어나 살아가야 하는가?"라고 하늘을 향해 소리치실 때도 있을지 모르겠습니다. 또한 그 고통과 불편함을, 그 슬픔과 분노를, 곁에서 지켜볼 수밖에 없고 도와주는 데에도 한계가 있는 주변 분들의 마음과 삶은 어떠할까요? 말로는 다 표현할 수 없다는 것이 맞는 말이겠지요.

그러나 남들과 다른 불편함과 고통을 감수하고 산다 해도, '내 모습이 딱 금 간 물동이 같다'고 여겨져도, 그 사실이 당신과 저의 삶의 의미를 감소시키거나 빛바래게 할 수는 없습니다.

금 간 물동이는 그야말로 보통 사람들이 생각할 수 있는 〈물동이의 역할〉로만 자기 가치를 생각했습니다. 그랬기에 금이 가는 순간 자기 역할과 존재 가치는 끝장이 나 버렸고 '나는 쓸모없는 부끄러운 존재로 전락했다'고 절망하게 되었죠.

그러나 그 금 간 물동이를 물지게에 매달고 물을 길러 다니던 하인은 〈물동이의 역할〉을 그저 집에까지 물을 담아오는 것으로만 여기지 않았습니다. 오히려 일반적인 물동이가 하지 않을 역할과 가치를 바라봤고 주었고 그것을 실현시키죠. 바로 그 흠, 그 다름을 사용해서 그들이 오가는 길가에 꽃들이 피어나도록 물을 주는 물뿌리개의 역할로 말입니다.

삶의 의미, 존재의 역할과 가치를 보통 세상 사람들이 소중하게 여기는 것, 익숙하게 여기는 것에 둔다면, 일반적인 이들과 출발점이 다른 이들은 좌절하고 희망이 없는 게 당연하겠지요. 하지만, 당신의 존재 가치, 당신의 삶의 의미를, 남들이 다 눈여겨보지 못하지만 사실은 중요한 일, 바로 그것에 열심을 내는 것으로 새롭게 독창적으로 바라본다면, 우리는 남과 다름으로 인하여 이 세상에 다시 없는 특별한 존재이며 특별한 삶의 소명을 지니고 있음을 깨닫게 될 것입니다.

부끄럽지만 제 얘기를 좀 더 해 볼까요? 말씀드렸다시피 저는 시각장애가 있어서 이 현실이 매우 불편합니다. 보이는 것이 점점 중요해지는 세상에서, 운전도 못 하고 길도 못 찾고, 사람도 잘 못 알아보며, 컴퓨터를 30분만 들여다보면 두통으로 정신이 없어지는 제가, 일반인의 사회생활을 동경하고 부러워하기만 한다면 늘 화가 나고 슬프기만 하겠지요. 아, 물론 때때로 우울하고 화가 나는 것이 솔직한 심정입니다만, 전 제가 약시라서 다행인 점과 선용할 수 있는 점을 활용하는 쪽을 선택하면서 살려고 노력하고 있습니다. (물론 늘 성공만 하는 건 절대 아닙니다.)

눈이 별로인 덕에 귀는 좋으므로, 섬세한 귀로 다른 이들의 이야기를 그 속뜻까지 놓치지 않고 잘 들으며 기도하려고 노력합니다. 눈이 나빠서 원고를 보고 설교나 강의를 하지 않기 때문에, 갑자기 정전이 되어 주변이 캄캄해지거나 깜빡 잊어버리고 원고를 어디 두고 온다 해도 제가 당황할 일은 없습니다. 제 설교나 강의를 듣는 분들이 재미가 없다고 졸고 계시거나 저를 째려보신다 해도 저는 그분들이 보이지 않으므로 절대 상처받지 않습니다. 원래의 제 성격은 남들과 어울리는 것을 좋아하지 않고 혼자 무언가를 하고 싶어 하는 편이지만, 저라는 존재 자체가 누군가의 친절과 도움 없이는 어디로 제대로 움직이고 행동하는 것이 불가능하다 보니, 주변 이들에게 감사를 표하고 의지하고 사랑하는 법을 익히고 훈련하게 되었습니다. 같은 아픔, 더한 아픔을 이기고 계시는 분들을 만나면 깊은 동지감을 느끼며 더 간절히 기도할 수 있습니다. 이런 부분들은 제가 일반 물동이와는 다른 금을 지닌 물동이이기 때문에 가능한 좋은 점들이겠지요. 여러분 각자에게도 분명히 그런 부분들이 있습니다.

사실 저와 당신을 〈장애우〉라고 부르는 세상의 〈비장애〉 범주에 들어가는 이들 중 과연 진짜 아무 흠도 흉도 없는 존재가 있기나 할까요?

우리 각자의 특별하고 유일한 존재 가치를 세상의 일반적이고 평범한 기준에 비추어 비교하면서 괴로워하지 않았으면 좋겠습니다.

인간이 이 세상의 여타 다른 생물들과 다른 가장 큰 차이는, 아마도 내가 왜 태어났는지 존재 이유와 목적, 그리고 살아가야 하는 이유를 끊임없이 궁금해하고 질문하며 정답을 찾아 헤맨다는 사실에 있을 것입니다. 물론 먹고 살기 급급하고 고달파서, 그런 거 아무리 머리 터지게 생각해봐야 정답이 안 나올 테니 잊어버리고 살자고 하는 이들도 많지만, 그 질문이 완전히 우리 안에서 사라져 없어지는 날이 있을까요? 접어두고 숨겨두고 있을 뿐입니다. 모른 척하고 싶을 뿐입니다. 그 의미를 찾았다 여기는 사람은 누가 보기에도 힘겨운 현실을 살고 있어도 소망을 갖고 힘을 내지만, 그 의미를 '아무 의미 없음!'으로 단정 지은 사람은 더 이상 인간일 수 없게 됩니다. 생명을 던지거나 타인을 해하거나 그야말로 숨만 쉬는 채로 결코 인간다울 수 없는 연명의 삶을 겨우 살아가는 지경이 되고 말겠지요.

세상에서 바라보는 '평범'의 기준에 어울리게 태어난 사람들도 '내가 왜 태어났을까? 내가 살아가는 이유와 살아서 도움 되는 이유가 뭘까? 내 삶의 목적은 어디에 있는가?'라는 질문 앞에서 답답해하며 방황합니다. 하물며, 이 세상의 기준과 다른 모습으로 태어났거나 도중에 문제가 생겨 세상이 필요로 하고 사용하여 주는 〈평범〉의 범주 밖에 있는 저와 당신의 마음속에서는 언제나 이 질문이 말할 수 없는 아픔과 분노와 의문으로 부딪쳐 올 수밖에 없습니다. '세상 기준에 딱 맞게 태어났어도 힘겹고 어려운 인생에, 대체 나는 왜 더 부족하고 불편한 상태로 태어났나? 이래서야 남에게 도움은커녕 민폐만 끼치고 무시와 멸시만 당하는 서러운 삶을 살 수밖에 없지 않은가? 이 고통스러운 삶에서 굳이 힘들게 의미니 목적이니까지 생각해가며 열심히 살 이유가 있을까?' 우리는 평생 숨이 다하는 날까지 이 질문이 주는 메아리에서 완전히 자유로울 수 없습니다. 아예 생각을 안 하고 그저 살 수는 있겠지만, 그것 역시 만족스러운 상태일 수는 없겠지요.

그렇기에, 저와 당신은 우리가 할 수 있는 최선을 선택해야 합니다. 내 선택으로 되지 않는다면, 주변의 도움을 의지해서라도요.

어떤 마음가짐의 선택이 우리로 삶을 살아가는 이유를 바르게 붙들며 아름답게 살아갈 수 있게 해 줄까? 제가 생각하는 몇 가지 실천 방안들을 적어 볼게요.

먼저, 내가 태어나 존재하며 살아가는 이유를, '도대체 왜?'가 아닌 '그러니까 뭘 어떻게?'에 맞추며 순간순간 의미있는 방향으로의 한 걸음을 내딛었으면 좋겠습니다.

　성경의 요한복음 9장에는 한 시각장애인이 등장합니다. 이 남자는 태어나면서부터 앞이 전혀 보이지 않는 사람이었습니다. 그를 둘러싸고 사람들이 예수님에게 질문을 했습니다. "예수 선생님, 이 사람이 맹인으로 태어난 것이 누구의 죄 때문입니까 자기 팔자가 박복해서 그런 겁니까? 아니면 부모 죄가 많아서 그런 겁니까?" 참 잔인한 질문인데, 장애인들과 그 가족이 끊임없이 시달리는 질문이지요. 그런데 원인을 묻는 그들에게 예수님은 원인이 아닌 목적으로 대답을 해 주십니다. "이 사람이 박복해서 그런 것도 아니고 부모 죄가 커서도 아니다. 그에게서 하나님이 어떤 일을 하시는지 그 일을 나타내고 보여주시기 위해 이렇게 태어난 것이다(요 9:1-3)." 후일 그는 고침 받고 예수님의 제자의 길을 걷게 됩니다.

　그건 성경의 이야기니까 당신이랑은 아무 상관이 없다고요? 그 사람처럼 당신 장애와 아픔이 고침 받으면 뭐 그 의견도 일리는 있겠지만, 지금 당신에겐 그런 기적이 일어나지 않으니 아무 의미도 없다고요? 아니오. 그렇지 않아요. 이 이야기 속에는 우리 삶을 대하는 가장 중요한 관점 ― 전환점 ― 이 숨어 있습니다.

　'내가 왜 이렇게 됐을까? 정말 흉하고 힘들다. 이게 내 팔자인가, 부모 탓인가? 아니면 이 사회가 문제인 건가?' 이 질문에만 골몰하면 우리는 앞으로 나아가지 못한 채 이 세상에서는 결코 대답될 수 없는 질문의 공허한 미궁 속에 갇히게 되고 맙니다. 그러나 질문을 바꾸면 달라집니다. '그래. 나는 혹은 내 가족은, 이러저러하게 현재 우리가 속한 세상이 보는 정상의 범주와 다른 상태로 태어났고 살아가고 있다. 불편하고 힘들고 서러운 것이 사실이다. 그러니, 이제 앞으로 어떻게 할까? 이 금 간 물동이 같은 상황과 처지에서 내가 그래도 의미 있게 살아갈 수 있는 이유와 방법과 더 개선될 수 있는 여지가 무엇이 있을까? 어떤 목표가 내 고통의 시간들을 가치 있게 바꾸어갈 수 있을까?'

'어째서, 왜 나만?'이 아니라 '그렇다. 그러니 앞으로 더 나아지게 무엇을 할 것인가?'로 질문과 관심의 방향을 전환하고, 어려워도 그 질문의 답을 찾아 나아가면 우리의 삶은 서서히 달라져가게 될 거예요. 최초의 질문의 형태를 변화시키는 우리이기를 소망합니다.

다음으로 말씀드리고 싶은 것은, '우리는 다 알 수도 이해할 수도 없지만, 이 세상에 쓸모없는 것은 하나도 없다.'는, 너무 당연해서 우리가 자주 잊어버리는 진리입니다. 금 간 물동이조차 그것을 다른 시선으로 보아준 물 긷는 이의 손에서 아주 독특하고 의미있는 새 역할로 거듭나잖아요. 그렇기에 스스로를 한심해하고 자책하며 죄책감과 수치심을 쌓아올리지 말아야겠어요. 우리!

'나는 사회와 가족에 창피거리고 민폐다. 나 같은 건 세상에 있지 말았어야 했다. 늘 미안하고 괴롭다.'는 생각과 언어에 사로잡히면, 본인도 주변의 돌보는 이들도 모두 지쳐가고 속에 억눌린 분노와 원망이 깊숙이 자리 잡은 채 크게 터질 날 기다리는 시한폭탄 상태가 되고 맙니다.

여기 서 있는 제가 그랬었습니다. 모두가 예쁘고 건강한 가족 친지들 틈에서 홀로 눈이 안 보이고 행동이 굼뜬 저는 답답한 저를 보며 괴로워하고 우울해하는 가족 친지들이 늘 두려웠고 그들에게 미안했습니다. 제 존재 자체가 민폐덩어리 같았죠. '어떻게 하면 남들 눈에 거치적거리지 않고 숨어있을 수 있을까? 어떻게 하면 가족들에게 좀 덜 창피스러운 존재가 될까? 뭘 하면 가족들이 날 천하에 쓸데없는 존재라고 여기지 않을까?' 이 고민이 어린 시절과 청소년 시절 제 삶을 지배했습니다. 할 수 있는 건 뭐든지 열심히 했습니다. 몇 가지 없었지만요. 말도 잘 듣고 공부도 열심히 했습니다. 그런데 나아지는 게 별로 없었습니다. 열심히 하면 할수록 주변의 기대치는 높아지고 저는 한 순간 한 순간이 너무너무 힘든데 힘들다고 하지 못한 채 속으로만 곪아갔습니다. 결국 대단한 실패를 경험한 날, 마음속의 죄책감 시한폭탄이 터졌습니다. 쌓아놓았던 죄책감과 그에 따른 분노와 우울, 그 압력을 견디지 못한 몸과 맘…… 한 동안 모든 게 끔찍할 만큼 엉망이 되었습니다.

사랑하는 당신, 세상과 주변이 무어라 할지언정, 도움을 주는 이들에게는 감사를 전하고, 세상 기준으로밖에 우리를 대하지 못하는 이들에 대해서는 '나는 다른 색깔의 안경을 쓰고 살아. 난 의미 있는 존재야.'라는 자긍심으로 태연히 마주보아 주면서, 절대로 비참한 죄책감과 수치심에 휩쓸려 이 캄캄한 감정의 덩어리를 마음과 몸에 쌓아두지 말기로 해요. 이 세상에 완전체는 없고요, 눈에 보이는 불편함을 지니고 있지 않은 이들이 모두 우리보다 고귀하고 가치 있는 것이 절대 아닙니다.

다 쓸데없는 위로라고 절망스러워지는 순간에도 '내 존재는 이 대로 가치 있고 의미 있다!'는 진실을 꼭 붙들고, 혹시 놓쳤다면 다시 붙잡으세요. 생각은 행동을 낳고 반복된 행동은 습관이 되며 습관은 성품을 만듭니다. 처음엔 어려워도 꾸준히 하다 보면 진전을 이루게 될 거예요. 저 역시 그 과정 중에 있답니다.

또한, 아무리 우리 몸이 불편하고 상황이 어렵고 세상과 타인들이 편견으로 저와 당신을 바라본다 하여도, 귀한 존재로서의 자긍심과 품위를 결코 내동댕이치지 말기로 해요.

세상은 우리를 '장애를 지닌 자'로 처음부터 다르게 봅니다. 보이는 문제에 '마음의 장애'까지 추가할 필요는 없잖아요. "늬들이 그러니까 나도 비뚤어질 테다!" 하면, 세상은 우리더러 "그것 봐. 너희는 애초에 문제덩어리였어."라고 더욱 억울하게 몰고 갑니다. 저와 당신의 모자람과 불편함이 세상의 기준에서 볼 때나 문제일 뿐, 존재로서의 우리의 본질은 그들과 다르지 않고 오히려 그들보다 크고 넓고 깊을 수도 있음을 우리의 삶으로 보여준다면 얼마나 멋지고 흐뭇한 일일까요?

아주 오래 전 개그 프로그램 중에 〈이경규가 간다〉라는 것이 있었습니다. 새벽, 차가 거의 오가지 않는 어느 횡단보도 근처에 이경규 씨를 비롯한 프로그램 제작진이 숨었습니다. 〈아무도 오가지 않는 횡단보도에 차량 정지 신호가 들어올 때, 지나가던 자동차가 신호를 지켜 멈춰 서는가? 양심을 지키는가?〉가 그 날의 미션 과제였습니다. 제작진은 밤새도록 그 날의 양심 냉장고를 상으로 타 갈 주인공이 나타나기만을 기다렸습니다. 그런데 새벽 미명이 밝아오도록, 오가는 사람 하나 없는 횡단보도 앞에서 정지 신호 앞에 양심을 지키는 운전자가 없었습니다. 모두가 낙담하여 "아, 오늘은 허탕인가 보다!" 하고 포기하려 할 즈음에 작은 차 한 대가 횡단보도 가까이 달려왔습니다. 정지 신호가 들어오자 그 차는 정지선을 지키며 이 세상에 아직 꺼지지 않은 양심의 작은 빛을 비추었습니다. 미션이 실패로 끝나지 않았음을 기뻐하며 이경규 씨가 달려간 자리에서 만난 그 차의 운전자와 탑승자는 지적 장애와 언어 장애를 지닌 부부였습니다. 일반 기준에서 어눌하게 들릴 수도 있는 발음으로 그러나 누구보다 단호하게 그 운전자는 말했습니다.

"누가 있든 없든 보든 안 보든, 신호는 늘 지켜요. 지켜야 하는 거예요."

이후로도 수많은 이들이 양심 냉장고를 타 갔고 인터뷰를 했지만, 그 날 새벽의 그 부부만큼 시청자들의 마음을 움직인 이들은 없었답니다. 이경규 씨의 인터뷰 내용이 그러했어요. 저도 오랜 세월이 지난 지금까지 기억하고 있잖아요.

우리는 우리의 부족함으로 세상의 손가락질을 받을 수도 있지만, 우리의 부족함 덕에 세상에 더 큰 위로와 감동과 격려를 줄 수도 있는 존재들입니다. 그러니까, 품위를 지켜서, '연민, 동정에 의지해 사는 것이 당연하다', '세상은 날 더 잘 보살펴 줘야 한다'고, 받는 것, 받을 것만 계산하며 '난 뭘 해도 용서받아야 한다.'는 비뚤어진 마음에 빠지지 말기로 해요. '무조건 받기만 하는 사람', 그것이야말로 우리의 겉으로 보이는 모자람과 비교할 수 없이 못난 일 그러짐과 비뚤어짐입니다. 초라함입니다.

몸이 안 좋기에, 불편하기에, 뜻대로 되지 않음이 많고, 세상과 사람들의 언행과 시선이 정당하지 않기에, 우리는 자주 소용돌이치는 어두운 감정에 휘말릴 수 있습니다. 그럼에도, 귀한 존재로서의 품위를 지켜서, 우리의 분노와 절망, 폭력이 정당하다 억지 부리지 말기로 해요. 저와 당신, 우리 장애우 대부분은 몸은 불편하고 힘들어도, 마음과 생각은 온전합니다. 어쩌면 당신의 어떤 부분은, 일반적인 사람들보다 더 예민하게 깨어 있을지도 몰라요. 사람은 감정만으로 살 수 없고 그래서도 안 됩니다. 내 안의 의지, 생각할 수 있는 지성, 그리고 바르게 훈련되어가는 감정의 소통을 고루 잘 관리하여, 마음 건강한 우리이기를 소망하고 힘쓰며, 도전을, 그 방향으로의 걸음을 멈추지 말아야겠습니다. 그리고 작은 도움에도 감사하며, 나도 누군가에게 작은 도움이 되기를 바라며, 도울 수 있는 방안을 생각하고 실천했으면 좋겠습니다.

몸이란, 어느 기능이 부족하면, 그 모자람을 보완하고자 다른 기능이 예민하게 발달합니다. 제 경우는 귀가 눈의 역할까지 대신하다 보니 100미터 이내에서 사람들이 나누는 모든 말소리와 여러 다른 소리들이 한꺼번에 제 신경으로 들어와 입력됩니다. 눈으로 들어온 정보는 잘 판독도 못 하고 잊어버리는 대신, 귀로 들어온 정보는 제 기억에 아주 오랫동안 또렷하게 남습니다. 그리고 이 기억이 제가 사람들과 나눈 이야기를 기억하고 기도하며 공부하는 데에 큰 도움을 줍니다. 앞서 한 번 말씀드렸듯, 눈이 나쁘기에, 저는 강의 준비는 열심히 하지만, 원고의 활자에 연연하지 않을 수 있습니다.

당신께도 남다르게 뛰어난 부분이 있을 것입니다. "아니, 나에겐 없어!"라고 단정 짓지 마시고요. 곰곰이 생각해보시고 진정으로 나를 세심히 봐주는 이에게 물어보시기도 하시고, 그 섬세함과 남다름을 어떻게 작아도 슬기롭게 꽃피우고 열매 맺게 할 수 있을지 지치지 말고 쉬지 말고 연구해 보세요.

저에겐 오래 두고 쓰는 도장이 있습니다. 고3 때 수학능력시험 원서를 쓰면서 학교에서 장애인 수공업 단체에 도움을 드리기 위해 학생들에게 도장을 한 개씩 파도록 캠페인을 했었습니다. 그 땐 별 생각 없이 도장을 팠는데, 완성되어 저에게 전달된 도장의 글씨체가 너무나 예뻤습니다. 그 도장을 정성으로 새겼을 이름도 얼굴도 모르는 손재주 고운 장애우를, 지금껏 오랜 세월을 함께한 제 인감도장을 볼 때마다 생각합니다. '어쩜 이렇게 솜씨가 좋을까? 지금도 이렇게 예쁜 글씨를 새기며 건강하고 행복하게 잘 지내고 계시기를……'

그 분은 수없이 많은 이름들을 새기셨을 테고 그 중 한 도장을 가진 제가 스무 해 넘도록 그 도장을 쓰며 이런 생각을 하고 있는 줄은 꿈에도 모르시겠지요. 작지만 의미 있는 촛불을 켠다는 것은 바로 이렇게 이어지는 마음이 아닐까 합니다. 바라지 않고 기대하지 않았는데, 서로에게 작지만 소중한 도움과 의미가 되는 것, 서로의 행복과 기쁨을 기원해 주는 것……. 우리 각자의 남다름을 소홀히 여기지 않고 다정하고 아름다운 일에 사용할 때 이런 일들은 계속될 것입니다.

미국에 한 여인이 있었습니다. 원래 건강하고 활달해서 격렬한 운동을 즐기는 분이었는데 운동을 하던 중 그만 큰 사고가 나는 바람에 척추가 손상되면서 목 아래 모든 부분이 마비되어 하루 종일을 침대에서 누워서 지낼 수밖에 없는 안타까운 처지가 되고 말았습니다. 그 여인은 처음엔 너무 절망스러워서 이렇게 살 바엔 차라리 죽는 게 낫다고 울부짖었습니다. 그러나 누군가 도와주지 않으면 죽는 것도 마음대로 할 수 없는 처지인지라 쉽게 죽을 수도 없었습니다. 그렇게 절망 속에 지내던 어느 날 여인은 더 이상 이렇게 살지 말고 다른 삶의 방식을 찾아보자고 결심하게 됩니다. 본인은 움직일 수 없지만, 오는 이들의 이야기를 들어줄 수 있고 여러 곳에서 보내주는 편지를 간병인이 읽어주면 들을 수 있으니, 하루 종일 누워서 불평과 분노만 일삼지 말고, 바쁜 그들을 위해 기도를 하자고 생각했던 겁니다. 여인은 그 때부터 자신에게 기도제목을 나누어주는 모든 이들을 위해 종일 기도하기 시작했습니다. 그리고 자신의 작은 기도가 하나둘 응답되는 작지만 놀라운 일들을 경험하게 됩니다. 살아가야 할 이유를 마침내 찾아낸 겁니다.

우리 각자에게 분명히 금 간 물동이처럼 전혀 예상치 않은 존재 이유가 있습니다. 그것을 발견하여 소망과 자긍심을 품고, 때때로 찾아오는 절망과 분노, 무기력과 고통의 파도를 파도 타기하듯 넘어서며, 품위 있고 자랑스럽고 독특한 존재로서 한 순간 한 순간 꽃을 피우며 사는 당신과 저이기를 소망합니다.

저희의
부족함과 모자람을
도와주시고
섬겨주시는 분들께

마지막으로, 뜨겁고 큰 사랑으로, 신체적으로 불편하고 모자라 힘겨워하는 저희를 섬겨주시고 지켜주시는 봉사자님들, 후원자님들, 그리고 가족 분들과 주변 지인 분들께 간곡히 당부 드리고 싶은 것이 있습니다.

시간과 마음을 드려 애써 주시는 분들, 진심으로 감사드립니다. 그 수고와 사랑을 늘 기억합니다. 때때로 지치고 낙심될 때 그 마음과 생각을 올곧게 붙잡으시느라 얼마나 애쓰시는지 생각하면 눈물이 납니다.

그래도 우리 모두 연약한 인간이기에, 노파심에서 부탁드립니다.

장애우들을 섬기시는 와중에, '내가 건강한 정상인이니까 너보다 우위에 있다'거나 '베풀고 있다'거나 '일방적으로 도움을 주고 있다'는 생각이 행여라도 틈타지 않도록 버리고 또 버려 주십시오.

우리는 모두 서로의 도움이 필요합니다. 서로의 사랑과 섬김이 서로를 위로하고 살아가게 합니다. 오늘 여러분이 섬기고 계시는 그 분 덕에 여러분의 삶이 가치 있고 의미 있으며 바로 그 분들로부터 인생의 더 많은 것을 받고 계실 수도 있습니다.

함부로 불쌍하다고 동정하지 마세요. 어차피 인생은 다 부족하고 나약하기에, 서로를 불쌍히 여기며 아끼고 받쳐주는 태도로 살아야 합니다. 장애는 불쌍한 것이 아니라 불편한 것일 뿐입니다. 자긍심에 상처주지 말아주세요. 부드러운 칼날에 베이면 더 아프고 상처가 더 오래 간답니다.

동화 속 금 간 물동이가 메마른 땅에 아름다운 꽃들을 피워내는 물뿌리개라는 멋진 새 역할을 해낼 수 있었던 것은, 그 금 간 물동이를 내버릴 물건으로 여기지 않고, 새롭게 더 특별하게 고쳐 쓸 수 있는 물동이로 보아 주고 잘 사용해 준 물 긷는 하인이 있었던 까닭입니다. 장애우 주변에 계신 여러분들이 그 역할에 늘 열심을 내어 주시길 부탁드려요.

그렇게 되면 우리 서로…… 모두 이 메마른 삶을 촉촉하게 살아갈 수 있는 생의 이유와 목적, 방향이 좀 더 분명해지지 않을까요?

그 여정에서 흘릴 눈물과 땀과 때로는 피가, 결코 헛되지 않을 것을 믿으며, 응원하고 깊은 감사와 사랑을 보냅니다.

저와 특별히 더 가깝게 느껴지는 당신, 태어나고 살아가는 이유를 꼭 찾아내시고 모자람 중에서도 넘치는 자유와 행복을 누리시길 간절히 소원합니다.

도무지
쉬지 못하는
당신께

-

쉼은,
세상 질서의 중요한 한 부분이자,
당신을 살리는 회복제입니다.

세상이 바쁘게 돌아가고 할 일이 산더미처럼 많은 건 사실이지만, 살아 있는 모든 생명에게는 반드시 쉬는 시간이 필요합니다.

오늘 이 시간, 저는, 일 때문이든, 조바심 때문이든, 생계 문제 때문이든, 도무지 쉬지 못하는 당신을 생각하며 이 글을 드려요.

길면 시간 낭비라고 읽지 않으실 것 같아서 최선을 다해 간단히 핵심만 적어 보내렵니다.

기계도 쉬게 해 주어야 망가지지 않고 오래 쓸 수 있는 건 이미 잘 알고 계시지요? 하물며, 소중한 당신은, 무쇠로 만든 기계가 아니랍니다. 이 사실, 꼭 잊지 말아 주세요.

영이셔서(요 4:24) 육체가 없어 졸지도 주무시지도, 그럴 필요도 없으신(시 121:3) 하나님, 그런데 그 하나님도 창조 사역을 마치시고는 쉬셨어요(창 2:2-3).

일과 더불어 쉼을 세계의 원리로 삼으시고 먼저 본을 보이신 겁니다. 쉬지 못할 분주하고 조급하며 불안한 우리 인간 족속을 잘 아셨기에, 이스라엘 백성들에게는 아예 '안식하는 날'을 강력한 계명과 명령으로 정해 주신 거고요.

쉬지 않으면 살아도 산 것이 아닌 것이 생명임을 창조주인 그

분은 누구보다 잘 알고 계셨던 거예요.

창조와 생명의 원리가 이러하답니다. 그러니까, 바쁘신 당신, 너무나 열심히 사시는 당신, 성취를 이루기 위해 달려가시는 부지런하고 성실하신 당신, 때로는 불안해서 가만히 있는 일이 너무 힘든 당신! 쉬어야 할 때는 쉬어야 해요. 알아서 쉬지 않으면, 하나님께서 여러 상황을 이끌어 강제 휴식시키실 수도 있는데, 그건 너무 안타깝고 슬프잖아요. 뭐든 기쁘게 내가 원해서 하는 게 제일 좋은 거니까요.

날 쉬지 못하게 하는 갖가지 상황들, 그런데 사실 내가 어떻게 할 수 없는 무겁고 부담스러운 짐들은 혼자 끙끙대며 잠 못 이루지 마시고 기도함으로 주님께 계속 보내세요.

예수님은 힘들어 하면서도 쉬지 못하는 당신과 저에게 이 말씀을 주셨답니다.

"수고하고 무거운 짐 진 자들아, 다 내게로 오라. 내가 너희를 쉬게 하리라(마 11:28)."

주님께서 맡아주신다 약속하신 몫은 주님께 드리고, 네 몫이니 네가 열심히 짊어져야 한다고 하시는 부분만 내가 맡음으로, 우리, 창조의 섭리를 지켜요.

영으로 계신 성부 하나님뿐 아니라, 사람으로 이 세상에 계실 때의 예수님도, 열심히 사역하시고 난 후엔 반드시 홀로 한적한 쉼의 시간을 가지셨어요(막 6:45-47). 제자들에게도 소처럼 일하고 야

근하라 하시지 않고 열심히 일했으니 쉬라고 하셨고요(막 6:30-31).

쉰다는 것은, 사라져가는 힘을 회복하고 재충전하며 재창조되는 중요한 삶의 국면입니다. 쉼은 일로부터 자유로운 시간, 혹은 빈둥거리는 한가한 시간이 아니라 본질을 회복하는 과정이에요. 하나님의 소중한 작품인 당신, 열심히 일한 만큼 쉼의 복을 누리실 수 있길 소망합니다.

『꽃들에게 희망을』*이라는 한 편의 동화를 소개합니다. 이야기에는, 하늘 끝까지 계속 위로위로 올라가는 다른 애벌레들을 보고 그 곳에 무엇이 있을까 궁금해서 무작정 따라가는 애벌레가 등장합니다. 애벌레는 동료 애벌레들이 오르는 그 꼭대기 마지막에 아무것도 없으며, 고생고생하며 꼭대기에 도착한 애벌레들이 뒤따르는 다른 애벌레들에게 떠밀려 추락하면서 슬프고 허망한 최후를 맞이할 뿐이라는 현실을 깨닫게 되지요. 그래서 그 애벌레는 그렇게 목적 없이 결말도 모르고 무조건 다른 애벌레를 따라가는 삶을 그만두기로 합니다. 그리고 고치 속에서 답답함을 인내하고 견디어 내어 마침내 노랑나비로 태어나 자유롭게 하늘로 날아오르는 멋진 결말을 맞이하지요.

이 동화에는, 바쁘게 세상 눈치 보며 남들 같은 기준을 따라가느라 쉬지 못하며 불안해하는 우리네 삶에 대한 안타까움과 허망함이 표현되어 있습니다. 혹시 당신과 제가 이 불행한 애벌레들, 우리

● 트리나 폴러스 지음, 김석희 옮김, 『꽃들에게 희망을』(서울; 시공주니어, 2005).

가 진정 몰두하고 힘써야 할 일을 모른 채 그저 급하고 바쁘게 더 높은 곳으로 올라가려고 바둥대고만 있는 인생들 중 하나는 아닐런 지요? 쉼 없이 달려가는 그 끝에 무엇이 있는지 전혀 모르면서 말 이죠. 우리 인생은 그런 허무한 결말을 향해 달려가라고 빚어지지 않았답니다.

그러니, 우리, 쉴 때는 쉬기로 해요. 쉬지 못하게 만드는 당신의 불안함과 초조함이 주님의 은혜 안에 평안함과 여유로 변화되어, 진정한 삶의 목적을 행복하게 이루어 가시길 소망하며 응원을 보냅 니다.

여기까지 읽어주신 당신, 시간 낭비했다 여기지 않으실 거지 요?

속 끓이지 말고
차를
차츰 잦아 들게 줄이자

차가 별로라고?

그럼 라면은 어때?

찢어지는 가난이
무거운
당신께
-

물질이
당신의 영혼보다
무거운 의미일 순 없습니다.

제가 대학생일 때, 영어소설 번역 시간에 있었던 일입니다. 영어 표현 중에 "as poor as a church mouse"라는 것이 있는데, 말 그대로 번역하자면 '교회의 쥐처럼 가난하다'는 뜻입니다. 사실 교회에 무슨 먹을 것이 있다고 교회에 삽니까? 그 쥐도 참…… 그런데 그 당시 저희에게 소설 번역을 가르치시던 교수님은 우리말 같지 않은 번역을 아주아주 싫어하시고 용서를 안 해 주시는 엄격하고 유명한 번역가이셨던 지라, 글자 그대로 번역을 했다가는 호통을 듣기 일쑤였거든요. 그 문장을 번역하던 친구가 떨리는 목소리로 "그들은 교회에 사는 쥐처럼…… 아니 그게 아니라…… 너무나 가난했다."라고 기를 쓰며 혼나지 않을 만한 문장을 쥐어짜내던 기억이, 20년이 넘게 지난 지금도 제 기억 속에 선명합니다. 그러나 교수님의 까다로운 감각을 피해가는 데에는 실패하고 말았죠. "무슨 소설 번역이 그 따위로 말맛이 없엇! 너무나 가난했다라는 표현으로 그 가난함이 절절히 와 닿겠니? 더 확실하게 와 닿는 우리말 찾아 봐!" 그 말씀이 떨어지기 시작하면, 제대로 교수님을 만족시킬 답이 나오기까지 강의실 안은 공포의 얼음 동굴이 되곤 했습니다. 막말이고 비속어고 일단 제일 적나라한 표현을 찾아내야만 얼음땡 할 수 있었어요. 어린 시절 루시 모드 몽고메리 여사가 지은 『빨강머리 앤』을 읽던 때부터 그 "교회의 쥐처럼 가난했다"는 표현이 영 거슬렸었던 저는, 그전부터 생각해 왔으나 차마 우아한 영어 수업 시간에 함부로 꺼내놓을 수 없었던 막말을 어쩔 수 없이 끄집어냈습니다. "그들은 X구멍이 찢어지게 가난했다는 어떨까요, 교수님?" 같이 수업을 듣던 친구들이 헉하고 경악했지만 뭐. 이판사판이었죠. 다행히 교수님은 크게 웃으셨고 "너, 뭣 좀 아는구나. 그런데 X구멍이 찢어지게 가난하다는 표현이 어떤 상황에서 나온 말인지 알고나 말하는 거냐?" 그러셨지요. 얼음땡이 모처럼 빨리 성사된 극적인 순간이었습니다. 그 정도면 야단도 안 들은 셈이고요.

직접 겪지는 않았다지만, 그 표현의 배경을 어떻게 모르겠어요? 먹을 것이 없어서 풀뿌리 나무껍질로 간신히 목숨만 연명하던 어려운 시절에 곡식이 아닌 거친 풀뿌리와 나무껍질을 먹었으니 소화기관이 멀쩡히 남아날 리가 있나요. 한없이 부드럽게 소화된 것들이 배출되어야 할 자리가 거친 것들로 인해 찢어지고 피가 날 만큼 그렇게 먹을 것이 없이 절대적으로 가난했던 상황, 그것이 바로 찢어지게 가난한 삶을 견뎌내야 했던 우리 앞선 세대의 고단함이었다는 것을 압니다. 교회의 쥐보다 더 가난하면 가난했지 결코 더 나은 삶은 아니었을 겁니다.

그 시절을 살지 않은 저이지만, 제 마음속에 굶주림과 연관된 강한 기억으로 남아 있는 소설 속 한 장면이 있습니다. 조정래 작가의 대하소설 『아리랑』에 나오는 한 장면인데요. 아주아주 가난한 가족이 있었습니다. 먹을 것이 없는데, 그래도 제사 때 쓰려고 아껴 놓은 쌀이 조금 남아 있는 어려운 상황을 지나고 있는 중이었는데, 태어나서 내내 굶주림에만 시달리고 자란 그 집의 어린 자식 하나가 죽을병에 걸리고 말았습니다. 도저히 살아날 가망이 없습니다. 배부른 삶이라는 것을 경험해 보지 못하고 이 세상을 떠나가는 아이가 너무 가엾은 마음에 부모는 제사지낼 때 쓰려고 고이 간직한 쌀을 풀어 아이에게 마지막으로 하얀 쌀밥을 해 줍니다. 그런데 아이가 너무나 아파서 그토록 소원하던 쌀밥 그릇을 앞에 두고도 먹지를 못 해요. 결국 그 애는 그 쌀밥 한 그릇을 품에 꼭 끌어안은 채 숨을 거둡니다. 그 장면을 읽고 나서 저는 일주일 동안 밥그릇을 마주할 때마다 눈물이 쏟아졌었습니다. 지금도 북한을 비롯해 식량이 부족한 세계 방방곡곡에서 수많은 생명들이 이렇게 절대적 빈곤에 시달리며 살아간다고 생각하면, 상대적 빈곤에 한숨짓는 제 자신이 한심하게 느껴질 때가 많습니다.

옛날에 어느 왕대비가 왕비 후보 처녀들에게 우리나라에서 가장 넘기 어려운 고개가 무엇이냐는 질문을 던졌답니다. 대관령이라느니 조령이라느니 추풍령이라느니 여러 대답이 나오는 중에 한 처녀가 대답했습니다.

"가장 넘기 어려운 고개는 보릿고개인 줄로 아옵니다."

지난해에 거둔 곡식이 다 떨어지고 보리를 추수하게 될 때까지 먹을 것이 없어서 산과 들을 헤매야 하는, 너무 견디기 어려운 시기라 고개라는 표현이 붙는 그 시절을 우리는 지나왔습니다. 이 편지를 띄우는 저도 직접 경험한 적 없으니 요즘 젊은이들은 그런 때가 있었나 고개를 갸우뚱하겠지만, 어르신들은 여전히 기억하고 계신 그리 오래되지 않은 우리의 과거 모습입니다. X구멍 찢어지게 가난하다는 표현도 그 춘궁기를 지나는 어려움을 드러낸 말이 아닐까 하는 생각이 드네요.

찢어지는 가난…… 가난은 부끄러운 게 아니라 그저 불편한 것이라는 말도 있지만, 겪는 사람이 실제로 그렇게 느낄까요? 가난은 사람을 비참하게 하고 절망하게 하고 무기력하게 만들기 쉽습니다. 가난이 지긋지긋해서 이가 갈린다는 분들도 많이 봅니다. 하나님을 믿는 많은 분들의 중대한 기도제목 중 하나가 '이 가난에서 건져 주옵소서!'인 것도 별로 놀라운 일이 아닙니다. 로또에 당첨된 이들이, 실제로는 삶의 파탄에 이른 경우가 많다는 인터넷 기사가 뜨면 그 밑에 주르륵 달리는 댓글 내용 대부분은 '일단 돈벼락이나 맞아보고 실제로 그런지 안 그런지 알아보고 싶다'는 하소연들입니다.

세계의 극심한 가난, 생명을 위협받는 가난 문제는 잠시 뒤로 접어두더라도, 실제 우리의 현실 속에서 지금 겪고 있는 가난도 그 무게가 결코 가볍다 쉬이 말할 수는 없습니다. 생활고를 비관해 삶을 스스로 포기한 분들의 사연을 접하면, 저는 마음도 아프고 일면 이해도 됩니다. 벗어날 길이 없고 도와줄 이가 아무도 없다고 느꼈기에 그랬겠지요. 얼마나 힘들고 괴로웠으면 차라리 죽음이 쉽게 느껴졌을까요? 의지의 유무 차원을 벗어난 그 고통이 공감됩니다.

실은, 하나님을 굳게 믿으면서도, 저도 가난이 지긋지긋하게 싫고 지겹다 생각하는 사람 중 하나거든요. 친지들의 빚보증 등으로 저희 가족도 가난이 가져오는 복잡하고 서글픈 체험을 많이 했습니다.

어느 날 집에 사람들이 들이닥쳐 집안에 있는 모든 물건들에 빨간 차압 딱지를 붙여놓고 얼마 후 몽땅 다 실어내 가기도 했습니다. 빚쟁이들이 집으로 찾아와 몇 날 며칠을 머물러 있으며 돈 내놓으라고 성화를 대기도 했고요, 빚쟁이들에게 잡혀가 몇 날 며칠 소식도 없이 집에 들어오시지 않는 아빠를 기다리며 하염없이 아파트 베란다 창문 앞에 멍하니 서 계시던 엄마의 힘없는 뒷모습도 선명하게 기억하고 있습니다. 그 후로 아빠는 일하시러 먼 나라 스리랑카로 떠나시고, 엄마랑 동생이랑 셋이서 살던 단칸방, 그 해 겨울 그 방은 얼마나 추웠던지…… 이불을 몇 겹이나 덥고 또 덮어도 너무너무 추워서 이대로 내 영혼도 얼어버리는 거 아닐까 엉뚱한 생각도 했었죠. 제가 고등학교 3학년이 되던 봄에는 저희에게 살 곳을 제공해주셨던 분이 갑작스럽게 집을 비워 달라고 통보하시는 바람에 갑자기 집을 구하느라 굉장히 고생을 했더랬습니다. 돈은 없고, 집은 비워줘야 하고, 결국 2주일 정도 여관방에 머물러야 했었어요. 고3이 된 상황에서 누가 볼세라 새벽에 여관을 빠져나와서 아직 추운 학교 교실에 가서 앉아 있으면 '아, 인생 정말 고단하다. 나, 고3에 이 무슨 고생이람.'이라는 서글픈 한숨이 절로 나오곤 했습니다.

집안이 극도로 어려워졌던 초등학교 4학년 이후, 아빠가 목사

안수를 받으시고 교회에서 사택을 제공해 주시는 은혜를 입기까지 꽤 긴 세월 저희 가족은 1년에 한 번꼴로 월세가 더 싼 집을 찾아 이사를 다녔습니다.

그래서 현재 살고 있는 교회 사택은, 제가 세상에 태어나 가장 오래 살고 있는 집이고 — 스물일곱 살에 이사 와서 마흔 네 살이 된 지금까지 살고 있으니까요. — 집세 걱정 이사 걱정을 안 하고 편히 살고 있는, 진정한 의미의 감사한 보금자리랍니다.

한도가 갑자기 늘어났다 줄어드는 카드대란 때문에 한 동안 고생도 했습니다. 주일이 얼마나 은혜롭고 행복한 날인지 아시나요? 그 날은 일주일 중 카드 추심 전화가 걸려 오지 않는 유일한 요일이랍니다.

가난이 너무 힘들어서 제 어머님은 한때 하나님께 이런 기도도 하셨대요. "하나님, 물질 문제에서 해방되게 해 주시고 삶이 풍요로워지는 복과 은혜를 주시면, 신학생도 키우고 교회와 학교, 병원도 짓겠습니다." 그런데 물질을 펑펑 내려주시지는 않고 사역자만 둘 키우게 하시고 시골 교회를 섬기게 하셨다고 가끔 말씀하시지요.

이런 상황에서 살았으니 쌀밥그릇을 끌어안고 앓아본 적 없고 보릿고개를 겪어보진 않았어도, 저도 가난이 얼마나 서럽고 사람을 벼랑 끝에 몰리게 하는지 잘 알고 있습니다. 정말이지, 하나님을 믿지 않았더라면, 하나님께서 은총을 베푸시지 않았다면, 생활고를 비관한 일가족 집단 자살 사건이 저희 가족 이야기였을 수 있다고 간혹 생각하곤 하거든요. 심지어 경제사정이 너무너무 힘들고 카드 추심 전화가 한 시간에 한 번꼴로 걸려오던 시절에는, '내가 예쁘기만 했다면, 하나님을 믿지만 않았더라면, 이 가난에서 가족을 구조하기 위해 얼마든지 몸이라도 팔겠다'고까지 생각했었답니다. 그 생각을 하면서 가파른 계단을 걸어 내려오다가 낙수가 흘러내려 만들어진 빙판에 미끄러져 떨어지면서 하마터면 뇌진탕으로 죽을 뻔했었죠. 다행히 엉덩이와 양쪽 다리에 온통 시퍼런 멍을 주렁주렁 다는 것으로 그치고 한 달 넘게 고생하면서 뉘우치고 회개했었지만요.

가족 해체의 원인이 되기도 하는 가난, 무조건 밥만 굶지 않는다고 그것만으로 감사하고 충분한 것이라고 여기면서 온전히 평안할 수 있을까요? 더 어려운 이들, 생존을 위협당하고 있는 이들도 많다는 말로, 찢어지는 가난의 설움과 고통을 과연 위로 받을 수 있는 것일까요? 가난에 위로를 건넨다는 것 자체가 어불성설인지도 모르겠습니다.

아주 오래 전 뉴스에서 일부 뜻 있는 대학생들이 '달동네 체험 프로젝트'를 한 경험을 인터뷰하고 보도한 적이 있습니다. 그때가 1990년대 중반이었던 것 같은데, 아무것도 없는 달동네 쪽방 하나에 학생을 한 명 두고 단돈 10만원으로 한 달을 견디라는 것이 과제였습니다. 결과는 말로 다 할 수 없이 참담했습니다. 체험을 마친 한 여학생이 인터뷰를 하면서 "밤에 앉아서 건너편 호화로운 아파트 불빛을 바라보는데 '살고 싶지 않다'는 생각이 들었다. '아무리 애쓰고 발버둥 쳐도 이 세계에서 저 세계로 가는 일 자체가 불가능하겠구나. 이것으로는 생계를 유지하는 것도 불가능한데, 학교를 다니고 뭔가 기능을 습득해서 여기서 탈출한다는 것은 그저 꿈이구나.' 하는 절망감이 허기와 추위보다 더 견디기 어려웠다."고 말했습니다. 그리고 이어서 "그런데 저는 사실 이 프로젝트를 마치면 다시 저 화려한 불빛 속으로 돌아가잖아요. 하지만 실제로 이 어두움 속에서 저 불빛을 바라다보며 절망하고 있을 수많은 이들을 생각하니 마음이⋯⋯" 하면서 끝내 더 말을 잇지 못하고 울음을 터뜨리더군요. 저도 그 때 TV를 보면서 그 여학생과 함께 울었습니다. 당시 저도 힘든 상황을 견디고 있었지만, 그 여대생이 한 달간 실험적으로 살아보았던 것과 같은 극한의 찢어지는 가난 속이나 절망 속에 있지는 않았었는데, 그런데도 자꾸만 무너지려는 제 자신이 한심했습니다. 한편으로, 그 여대생이 자신이 속한 반짝이는 세계로 다시 돌아간 후에도 어둠 속에서 절망에 울었던 그 체험을 영원히 잊지 않고 가난과 절망에 허덕이는 이들을 향해 평생 손을 내밀어주는 사람으로 남아주기를 간절히 바랐습니다.

'가난 구제는 나랏님도 못 한다.'는 서글픈 말이 있습니다. 성경에도 '땅에는 언제나 가난한 자가 그치지 아니하겠으므로 내(여호와 하나님)가 네게 명령하여 이르노니 너는 반드시 네 땅 안에 네 형제 중 곤란한 자와 궁핍한 자에게 네 손을 펼지니라(신 15: 11).'라는 말씀이 있지요. 가난이 인간 세상에서 완전히 사라진다는 것은 바람이요 이상일 뿐임을 드러내는 표현들이라 생각합니다. 공산주의 이념을 비롯해 많은 사상들이 부와 빈곤의 격차를 없애려는 해결책들을 제시했으나, '자원의 한계'와 '인간의 무한한 욕심' 그리고 '결코 남들과 똑같이 갖는 것만으로는 기쁠 수 없는 인간의 본능'을 간과한 까닭에 그 노력들은 실패로 끝날 수밖에 없었지요. 구약 성경의 예언자들을 비롯해 동서고금의 수많은 의식 있는 정의파들 역시, 가진 자의 횡포를 지적하며 사회적 빈곤층을 배려하여 가난의 악순환의 고리를 끊어야 한다고 목소리를 높였으나, 세상에서 가난이 사라진 적은 없고 아마 앞으로도 없을 것입니다. 절대적인 가난이 상대적인 가난으로 바뀔 뿐인 거지요.

어떤 이들은 아무것도 가진 것 없는 정말 가난한 이들이 오히려 마음의 평화를 누리고 행복지수가 높다고 주장하지만, 그런 사회에 자본주의 경제가 침투해서 빈부의 격차가 생겨나면 그들이 누렸던 '가난해도 평안했던 행복'이 순식간에 사라져 버리는 현상을 우리는 전 세계적으로 심심치 않게 찾아볼 수 있습니다. 그래요. 차라리 다같이 못 살고 다같이 힘들었던 때는 더 견디기 쉬웠을지 모릅니다. 왕이라도 여름에는 얼음이나 좀 더 씹고 시녀들의 부채질 시중이나 받을까 서민들과 크게 별다를 것 없이 사는 게 당연했던 옛날, 어쩌면 사람들은 지금보다는 가난이 덜 외롭고 덜 괴로웠을지도 모르겠습니다. 그러나 요즘은 전혀 그렇지 않지요. 폭염이 쏟아지는 상황 속에서, 많이 가진 이들은, 가정용 전기세 누진율 따위 걱정하지 않고 맘껏 시원함을 누립니다. 아예 여름이 아닌 겨울 절기를 지나고 있는 지구 반대편에 가서 시원하다 못해 춥기까지 한 휴가를 맘껏 즐기기까지 합니다. 같은 순간에 어떤 이들은, 지켜봐주는 이하나 없이 폭염과 싸우다가 슬프게 세상과 이별하기도 하고요.

이런 세상이 두렵고 무섭습니다. 단순히 기도나, 투쟁이나, 미움과 혁명으로 뒤엎을 수 없는, 세대 따라 형편을 달리 해 나타나는 가난의 문제 앞에서 저는 자주 울고 싶어집니다. 그리고 그때마다 역시 찢어지게 가난하셨던 예수님, 그래서 우리의 고통을 결코 모르지 않으실 예수님을 생각한답니다.

상당수의 그리스도인들이 예수님의 이름으로 기도하며 눈에 보이는 풍성한 복을 받기를 기대하고 소망하는데, 예수님은 이 세상에 계실 때 달동네 나사렛의 소년 가장 목수로 사셨다는 거 기억하세요? 스스로도 "여우도 굴이 있고 공중의 새도 거처가 있으되 나는 머리 둘 곳이 없다(마 8:20)."고 집 없는 상황을 말씀하기도 하셨고, 예수님과 제자 베드로가 성전세 낼 돈이 없어서 베드로가 예수님의 명으로 물고기를 낚아 그 배에서 나온 돈으로 성전세를 내기도 했죠(마 17: 24-27). 세상에 아기로 태어나실 때도 구유를 요람으로 삼으셨고(눅 2:7), 심지어는 무덤조차도 본의 아니게 대여해 쓰셔야 했습니다(마 27:57-61). 한 마디로 예수님은 인간의 비참한 가난에 도가 튼 인생을 사셨죠. 하긴 그러셨기에 하나님 보좌 곁에서 우리의 애 터지는 형편을 간절하게 중보해 주실 수 있는 거라 생각됩니다. 우리의 형편을 다 아시기에 이 찢어지는 가난함을 진정 불쌍히 여겨 주시고 공감해 주실 거라는 사실이 위로가 됩니다.

그런데 문제는 하나님께서 우리의 가난과 빈곤 문제를 쉽게 접수해 주시는 것과는 달리 처방과 대응책 마련에는 상당히 뜸을 들이신다는 사실이에요.

우리가 물질적 복이 아닌 진정 하나님만을 바라보고 섬기는지를 늘 달아 보시면서, 물질이 없어도 하나님 한 분으로 만족하고 자족하는 믿음의 경지에 올라서기까지 훈련과 테스트를 멈추지 않으신다는 것이죠. 물질만 싹 챙기고 정작 중요한 하나님 만나는 문제에는 무관심할까 봐 염려하시며 가장 좋은 것을 주시려는 뜻은 머리론 이해가 잘 됩니다. 하지만, 때로 현실 속에서는 나의 고통과 찢어지는 애통을 얼른 처리해 주시지 않고 침묵으로 일관하시고 찔끔찔끔 딱 죽지 않을 만큼만 조금씩 공급하시는 그 분이 무척 원망스럽게 여겨질 때도 있는 것이 솔직한 심정입니다. 찢어지는 가난을 경험해 보신 당신은 그런 느낌 가져본 적 없으신가요? 저만 심술이 덕지덕지 붙은 청개구리 인간인 건가요? 아뇨. 분명히 있으실 거예요. 먼지만 풀풀 날리는 내 빈 호주머니와 텅텅 빈 지갑을 당장 채우시지 않고 무서운 빚쟁이들로부터 기적처럼 구원해 주시지 않는 하나님께 섭섭한 마음을 한 번도 가져본 적 없는 가난한 그리스도인이 과연 세상에 있으려나요?

그럼에도 우리가 소망을 굳게 붙드는 이유는, 하나님께서 우리의 영적인 필요뿐 아니라 우리의 현실적 삶의 필요에도 무관심하지 않은 분이심을 믿기 때문입니다. 하나님은 이스라엘 백성이 광야길을 가는 40년 동안 매일매일 만나를 내려 먹이셨고 반석을 깨뜨려

물을 주신 분이고, 그릿 시냇가에 숨어 있는 엘리야 선지자에게는 까마귀를 보내어 먹여 주시고, 그가 피신한 사르밧 과부의 집에 가루와 기름이 떨어지지 않도록 공급하신 분 이시니까요. 온 세상의 빈곤 문제를 당장에 전부 해결하시지는 않아도 그 분은 백성의 필요를 돌보시는 하나님이시기에, 우리는 찢어지는 가난 속에서도 빨리 응답되지 않는 복에 대한 허기와 갈증에도 불구하고 낙심하지 않고 인내하며 인생을 걸어갈 수 있는 것 같아요.

그런데 여기서 한 번 더 짚어봐야 할 부분이 있다는 생각이 듭니다. 하나님께 기도하고 물질의 복을 받아서 나만 부유하게 살게 된다면 그게 과연 가난에 대한 온전한 정답이 될 수 있는 걸까? 지금까지도 적지 않은 수의 그리스도인들이 개인적으로 풍요롭게 되는 복을 간절히 구합니다. 그러다 정말로 큰 부유함의 복을 누리게 되기도 해요. 그런데 그렇게 개인적으로 부하게 된 이들이 자신이 어렵고 힘들었던 시절을 기억하면서, 여전히 가난하고 어려운 상태에 있는 다른 이들을 그 고통스러운 굴레에서 벗어나게 해 주고자 손을 내밀고 노력하는 아름답고도 자연스러운 모습을 보기는 왜 이렇게 어려운 걸까요? 누구보다 가난의 고통을 잘 아는 부자라면, 누구보다 어려운 이들의 고통을 헤아려야 할 텐데, 우리는 자수성가한 이들이 타고나길 부유하게 태어난 이들 못지않게 아니 때로는 그들보다 더욱 지독하게 이기적으로 온갖 편법을 동원하면서 자신의 소유만을 욕심껏 불려가고 그것을 문제라고 여기지도 못하는 것을 보게 됩니다. 과거의 어느 대통령 또한 그런 경우였죠. 많은 이들은 그 이가 부자이고, 이른바 교회의 중직을 맡고 있는 사람이며, 경제를 아는 인물이기에, 뇌물과 비리에 손대지 않고 빈곤한 이들의 아픔을 조금이라도 덜어주는 지도자가 되지 않을까 하는 소망과 기대를 가졌더랬죠. 그러나 현실은 정반대였습니다. 많이 가진 사람이 더 탐욕스러울 수 있음을 그 이는 우리에게 적나라하게 보여주었죠. 공의의 하나님을 두려워할 줄 알고 가난하셨던 예수님을 믿고 그 예수님의 이름으로 기도하는 사람이라면서, 그 이는 하나님의 정의도, 예수님의 가난도 자신의 믿음의 삶에 적용시키질 않았던 모양입니다. 너무나 안타까운 일인데, 똑같은 상황 속에 있다면 나는 절대로 그러지 않을 거라고 자신 있게 답할 수 있는 신앙인들이 과연 얼마나 될까요?

구약의 예언서들에서 하나님은 이스라엘 백성들이 하나님의 공의를 저버리고 가난한 이들을 억압하는 일을 미워하신다고 수없이 말씀하셨습니다. 우리 그리스도인들이 간절히 구하여야 하는 바는, 개인적인 물질의 복을 풍성히 받는 것이 아니라, 대물림되며 점점 극단적으로 굳어져 가는 부의 양극화 문제, 가난의 구조와 악순환의 고리를 끊을 수 있는 거룩한 지혜와 양심이 우리 그리스도인들 안에서 활활 불타오르고 실천하는 믿음의 행동으로 나타나 온 세상에 가득하게 되는 것, 그리고 당신과 저도 그러한 그리스도인들 중 하나로 살게 해 달라는 바로 그것이 아닐런지요?

부유하게 해 달라고 기도하는 이에게, 그가 진정 하나님의 사랑받는 자녀라면, 하나님은 아마 이렇게 물으실 겁니다. "내가 너에게 재물을 많이 부어주면, 넌 그걸 어디에 어떻게 쓸 건데?"라고요.

당신이 재물을 많이 가지게 된다 해도, 그 재물이 오직 당신에게만 귀하고 좋은 것이 된다면, 그 부유함은 결코 하나님께서 주신 오래 누리는 복이 되지 못할 겁니다. 오히려 오직 하나님께만 의지하던 당신의 마음을 하나님보다 물질이 주는 힘에 기울어지게 만들고, 콩 반쪽이라도 나누어 먹을 줄 알던 나눔의 영혼이, 가난한 다른 사람의 한 마리밖에 없는 양을 빼앗아 내 것 백 마리를 채우고 말겠다는 끝없는 탐욕의 영혼으로 대책 없이 오염되는 원인으로 작용하게 될 수도 있겠죠. 그런 부요함은 가난보다 못한 독과 화, 마귀의 유혹으로 전락할 수도 있다는 걸, 우리, 꼭 기억하기로 해요. 재물 얻을 능력을 주시기를 하나님께 기도하면서, 그보다 앞서 재물의 힘과 달콤함에 휘둘리거나 빠져들지 않을 신앙과 인격을 갖추게 해 달라고 기도하고 그 기본기를 튼튼히 쌓아가는 당신과 저, 우리였으면 좋겠습니다. 아니, 꼭 그래야만 해요.

그리고 한편으로, 진정한 궁핍과 비교의식으로 인한 열등감이 일으키는 허영심은 꼭 구별하여, 매 순간순간, 우리의 삶과 영혼 속에 오염 물질이 남지 않도록 정리할 수 있었으면 합니다. 나보다 많이 가진 이들과 나를 무조건 비교하면서 저들을 미워하고 스스로 초라해지는 것은 삶을 좀먹는 어리석은 일이니까요. 어떻게 더 잘 나눌 수 있을까, 미움 없이 다툼 없이 섬기고 함께 하기 위해 지혜를 구하고 모으는 데 힘을 보태는 당신이기를…… 그래서 내 찢어지는 가난이 나를 가난과 싸우고 가난한 이들을 진정으로 살피고 돕는 사람이 되도록 이끌었다고 고백할 수 있게 되기를…… 더불어 지금 누리는 것으로도 기쁘고 평안한 자족의 복도 누리는 당신이기를 소망하고 응원합니다.

우리, 가난을 두려워하지도 말고 가난이 불러오는 파괴적인 힘에 무력해지지도 말아요. 그 어둠을 꿰뚫어보고 그 파괴력을 이기는 바른 나눔과 자족, 지혜로 무장하고 필요한 만큼 매 순간의 일용할 것들을 공급받는 삶을 살아가시길 축복하고 기도할게요. 저도 그렇게 살아갈 수 있도록, 저를 위해서도, 기도를 부탁드립니다.

마음이 너무 아프고
병들었는데도
표현할 수 없으신
당신께
-

마음에도
약을 바르고 붕대를 감아야 해요.
보이는 몸보다 더 세심하게
돌보아야 하는 곳이랍니다.

몸이 아프면 언젠가는 그 아픔과 고통이 겉으로 드러나 치료를 받게 되지만, 마음이 병드는 문제는 그리 간단하고 단순하지 않습니다. 일단 마음의 병은 겉으로 잘 드러나지 않으니까요. 마음이 피를 흘리고 고름에 뒤덮이고 썩어나가는데도 주변 사람들은 물론 아픈 본인조차도 그 심각성을 모르고 넘어갈 때가 너무나 많습니다.

또한 마음이 아프고 병드는 것을 매우 수치스럽고 나약한 일, 크게 문제가 있는 사람으로 여기는 문화 자체도 큰 문제가 되곤 해요. 몸이 아픈 것에 대해서는 별로 이상하게 생각하지 않으면서, 마음이 아픈 사람에게는 그다지 관대하지 못한 것이 세상의 일반적인 시선입니다. 의지가 약하고 나약해서 그렇다느니, 믿음이 부족하고 기도를 덜 하니까 악한 영에 사로잡혀 그렇다느니…… 아픈 이를 이해하고 돕고 공감해주기는커녕, 비난하고 정죄하며 못난 죄인 취급하는 이런 분위기가, 마음에 병이 든 이들과 그 가족들을 더욱 궁지로 몰아넣습니다. 아니, 때로는 마음이 아픈 이들을 가장 이해하지 못 하고 더 아프게 하고, 그 병을 제공하고 더 악화시키는 역할을 하는 이들이 서글프게도 가장 가까이에 있는 가족들이기도 하지요.

이 편지는, 마음의 병을 앓고 계신 이와 더불어 그 곁에 계신 이들에게도 함께 보내는 글입니다.

마음의 병은 참으로 다양합니다. 우리나라에서 유독 많이 신체화 장애*로 드러나 아예 우리 명칭이 의학 전문 용어가 된 '홧병'을 비롯하여, 깊은 우울감과 불안을 호소하는 무기력증과 의욕 저하, 현실에서 도피하려는 정신 질환에 이르기까지…… 종류도 증상도 원인도 어찌 그리 다양한지요.

예전엔, 마음의 병을, 의지가 부족한 사람이 걸리는 것, 종교에서는 믿음이 부족하거나 악한 영에 붙잡힌 상태 등으로 여겨, 병을 수치스러워하고 숨기고 부정하면서, 적절한 치료를 받지 않거나 받지 못하는 경우가 거의 다였습니다. 요즈음은 그나마 인식이 전환되고, 많은 이들이 크고 작게 마음의 병에 시달리고 있다는 사실이 드러나면서, 예전보다는 이에 대해 말하고 표현하고 도움과 치료를 요청하는 일이 그나마 좀 쉬워진 편이라 다행입니다.

그럼에도 여전히, 우리 대부분은, 아주 심각한 상태에 이르지

● 신체화 장애란, 이전에는 건강염려증으로 불리던 질환입니다. 심각한 신체적 고통과 통증을 겪음에도 불구하고 의학적으로 명확한 원인을 찾을 수 없고, 우울과 불안 증상을 동반하기도 합니다. 신체화 장애를 겪는 원인으로는, 예민한 기질로 인해 고통과 통증을 민감하게 느끼는 것, 우울과 불안과 분노 등의 심리적 문제가 신체적으로 표출되는 경우, 자신감이 없거나 죄책감이 강할 때 자신을 스스로 처벌하고 싶은 마음이 몸을 공격하는 경우, 해결하기 어려운 상황에서 도망치고 다른 이들과의 관계에서 자신이 원하는 것을 얻기 위한 무의식적인 반응 등을 들 수 있습니다. 실제로 당사자는 극심한 통증을 느끼므로 꾀병과는 다릅니다. 또한 신체화 장애가 발생했다는 것은, 환자 본인이 받고 있는 스트레스가 이미 의지로 조절할 수 있는 한계치를 넘어섰다는 의미로 이해해야 합니다. 이해받고 치료받아야 할 질환임을 인정하고 수용해 주어야 해요. 의지로 극복하고 믿음으로 이겨내라는 과도한 요구나 책망은 아무런 도움도 되지 않습니다. (아산병원 정신건강의학과 신체화 장애 설명 자료에서 요약 발췌하여 정리한 내용입니다.)

않고서는, 자신에게 그리고 가까운 이에게 심각한 마음의 병이 들었고 그래서 그 상처 나고 곪아가는 부분 때문에 존재가 죽어가고 있다는 것을 잘 모르거나 무심히 지나쳐 버릴 때가 훨씬 많습니다. 인정해버리면 낙오자가 되는 것 같아 수치스럽고, 정상이 아닌 사람으로 손가락질당할까 봐 겁먹기 때문이겠지요. 게다가 마음의 병을 진단받고 인정한다 해도, 확실히 낫게 해 주는 획기적인 치료법이나 약물이 있는 것도 아니고, 계속 조심하면서 지켜보고 지속적으로 관심을 기울여 세심하게 마음을 써 돌보아야 하며, 그렇게 노력해도 불규칙적으로 재발하거나 이유를 모르게 악화되어 본인과 주변 지인들 모두를 힘들고 지치게 하는 경우가 많기 때문에, 커다란 사건이 일어나지 않는 한, 그저 덮어두고, 참고, 혼자 감수하고자 몸부림치는 경우가 훨씬 많음을 보게 됩니다.

실제로 심각한 우울증을 겪고 때때로 공황 발작을 일으키기에 계속 약물치료를 병행하며 살아가고 있는 저로서는, 마음의 병을 너무 가볍게 간단히 보는 분들을 보면, 속상하고 마음이 아파요. 눈에 잘 보이게 드러나는 몸의 병 못지않게, 보이지 않는 마음의 병은 훨씬 더 많은 돌봄과 치료 대책과 회복 후 관리가 소중하고 절실한데, 그저 다들 그런 거지 하면서 병을 키우고 때로는 그로 인해 자신과 주변 모두를 파괴로 끌고 가는 불행한 일들이 자주 일어나기 때문입니다.

무엇보다, 현대 정신의학과 뇌과학이 크게 발달했고 좋은 약물이 끊임없이 개발되고 있는 중에도, 공황장애의 진짜 원인조차 제대로 밝혀내지 못하고 있는 현실 속에서, 우리 인간이 마음의 병을 상담하고 고침 받을 수 있는 자리는, 우리를 지으신 하나님 앞일 텐데…… 때로는 교회와 믿는 이들이 마음의 병을 앓는 이들을 더욱 멀리하고 무시하며 돌보지 않으려 하고 도리어 정죄하고 비난하는 모습을 볼 때, 너무나 속상합니다.

갈수록 살기 폭폭 해지는 세상 속에서, 마음의 병을 앓고 헤매는 이들, 속에서부터 곪아가는 이들은 많아질 텐데, 따뜻하게 이해해주고 환대해줄 곳이, 아주 짧은 시간 치료비 받고 약 처방해주는 병원밖에 없고, 그나마 용기와 시간을 내어 그 곳을 찾는 이들은 아주 소수라는 것! 참 답답한 일 아닌가요?

마음의 병을 일으키는 모든 뿌리는, 우리가 연약하고 상처받기 쉬운 존재이며, 실제 삶의 시간 속에서 알게 모르게 상처들을 받았다는 데에서 비롯됩니다. 기억은 사라져도 감정은 남는다는 유명한 말이 있지요. 나는 기억을 못 하고, 혹은 다 잊었다고, 용서했다고, 극복했다고 생각하는데, 머리로는 그런데, 마음이 그렇지 못할 때, 마음의 병이 온답니다. 아주 끔찍한 일을 겪거나 목격한 후 그 공포와 충격이 계속 되살아나 삶에 흔적을 남기는 외상 후 스트레스 장애 즉 트라우마 반응이라 부르는 병도 있고, 어린 시절에 겪은 폭력과 분노와 무기력함과 공포가 심한 흔적을 남겨 그 상처가 아물지 않은 채, 우울과 불안증, 더 심한 정신적 문제들로 나타나기도 한다지요. 실패, 외로움, 남들에게 털어놓을 수 없는 부끄러움과 죄책감, 슬픈 기억들, 억울함, 삶의 힘겨움, 가장 사랑을 주었어야 할 이들이 입힌 상처, 조롱과 무시, 언어와 행동으로 이어진 폭력들……
이 모든 것이 마음의 병의 원인들과 병균들이 됩니다.

그러나 마음이 아파도 아프다 표현 못 하고 각종 마음의 병에
시달리는 당신과 저에게, 희망적인 소식은 있습니다.

우리에게 고통스러운 과거가 있고, 그 고통이 우리 삶과 영혼에
지울 수 없는 흔적과 면역력 결핍을 가져왔다 하더라도, 그래서 우
리가 오래오래 아팠고 지금도 너무 아프다 하더라도, 영원히 이 병
에 매여 있지 않아도 된다는 것입니다.

같은 일을 경험한다 해서 모두가 같은 반응을 보이는 것은 아닙
니다. 마음의 병을 앓고, 또 그것을 제대로 호소조차 못 하는 당신
은, 아주 예민하고 섬세한 분일 거예요. 아픔을 강렬하게 느낄 줄
알고 고통을 아는 당신은, 둔감한 이들보다 상처받을 확률은 높지
만, 그만큼 누군가의 아픔에 공감하고 위로할 수 있는 '상처받은 치
유자'로서의 높은 잠재력과 가능성을 지닌 분이기도 하세요. 나는
왜 이렇게 연약하고 덜 떨어졌고 예민해서 살기가 어렵냐고 슬퍼하
거나 분노하지 마시고, "아, 나는 남들의 감정과 고통을 공감하고
돌볼 수 있는 자질을 지니고 태어났구나. 이걸로 누군가를 살릴 수
있겠구나."라고 스스로를 토닥토닥해 주세요.

모든 사람에게는 자기 자신에 대한 올바른 자아상을 찾고 가꾸
어야 하는 일생일대의 과제가 맡겨져 있습니다. 완벽한 하나님도
아니고, 육체가 없는 영적 존재인 천사도 아니기에, 우리는 장점과

단점 — 상황에 따라서는 장점이 단점으로 작용하고 단점이 장점으로 작용할 수도 있는 오묘한 — 을 두루 가진 존재들입니다. 장점은 무조건 좋고 단점은 무조건 나쁘다 혹은 나에겐 장점 따위는 1도 없고 단점만 100이라고 단정 짓지 마시고 — 그것만큼 어이없는 거짓말이 또 있을까요? — 나를 고심하여 빚고 생명을 주셨을 창조주의 눈길과 손길과 마음 앞에서 과연 나는 어떤 존재일까, 우리 이 모습 이대로 그 존재의 거울 앞에 마주 서 보기로 해요. 똑바로 성실하게 바라본다면, 우리에게 연약함과 가능성, 두 가지 측면이 함께 있다는 것을 인정하게 될 겁니다.

어쩌면, 내가 나에 대해 가졌던 생각, 내 미래에 대해 꿈꾸며 세웠던 모든 계획들, 가고 싶었던 길, 함께 하고 싶었던 이들, 그 모두가 어그러지고 내 의견과는 전혀 다른 방식의 인생이 펼쳐질 수도 있겠지요. 그렇다 해도, "망했다!" "파국이고 절망이다!" "이렇게 살려고 태어난 게 아니다!"라고, 우리, 단정하지 말기로 해요. 물론, 괴롭고 노엽고, 슬퍼서, 피눈물을 흘리며 잠 못 드는 날들이 길게 이어질 수 있겠죠. 그러다 몸과 맘이 탈진하면서 마음의 병과 육체의 병이 우리를 집어삼키려 들 수도 있겠죠. 그러니 우리, 울고 싶을 때 실컷 울어버리고, 너무 꾹꾹 눌러 참지 말고, 실망과 애도의 시간을 먼저 갖기로 해요. 자존심 지키느라, 나 자신이 무너지고 남들이 염려하거나 비웃을까 봐 두려워서 하나도 괜찮지 않은데 괜찮은 척 하지 말고, "나 괜찮지 않아. 지금은!" 이라고 솔직해질 시간을 가져야 해요. 뭘 모르는 매너 없고 배려심 없는 이들이 뭐라

하면 어때요. 어차피 그들은 당신 곁에서 진짜 힘도 도움도 주지 않을 사람들인 걸요. 아파하는 당신을 수용하고 공감할 비전메이트들, 소울메이트들, 진실한 친구들을 발견하고 분별하는 기회가 될 거예요. 그런 사람이 하나도 없더라고요? 아무도 없지 않아요. 모든 수고하고 무거운 짐 진 자들을 오라고 불러 주시고 우리를 친구라 불러 주신 예수님이 언제나 당신 곁에서 도와주고 들어주실 준비를 하고 서 계시거든요. 당신이 넘어질 때는 업어주시고, 하염없이 눈물이 흐를 때는 함께 우시며 그 눈물을 그 분의 옷자락으로 닦아주실 거예요. 단지 그 모든 일들이 우리의 눈에 명확히 보이지 않을 뿐이에요. 그리고 사람이 홀로 지내는 것을 좋지 않게 여기셨던 하나님은, 분명히 당신 곁에 매우 소중한 친구들을 예비해 놓으셨을 거랍니다. 잘 찾아보세요.

무엇보다, 인생이 내 생각과 전혀 다르게 다른 방향과 다른 속도, 다른 모양새로 흘러갈 수 있고, 그게 꼭 대실패와 궁극적 절망을 의미하지 않는다는 사실을…… 우리, 수긍하고 받아들이기로 해요. 내 생각과 목표와 계획을 이루는 것이 전부이자 성공이고 그 이외의 것은 죄다 실패에 아무것도 아닌 전무라고 여기지 말기로 해요. 우리! 삶의 한 국면만 왜곡하여 그 의미를 확대하거나 축소하지 말기로 해요.

한꺼번에 안 되는 거 알아요. 이런 이야기들조차 탁상공론에 쓸데없고 당연한 이야기, 귀찮기만 한 설교와 잔소리로 들린다는 거,

저도 잘 알고 있어요. 의욕도 없고 귀찮아서, 내가 대체 그런 뻘 노력을 왜 해야 하냐고 버럭 하거나 그렇게 화낼 필요조차 못 느낄 수 있다는 것도 공감해요. 저도 그랬거든요.

그렇지만, 존재 자체로, 참 귀하고 소중한 당신! 상처는 당신의 전부가 아니에요.

한없이 우울하고 슬프고 화나고 미칠 것만 같을 때, 이렇게 사느니 죽고 싶은데 그럴 용기도 의욕도 안 나고 혹시 지옥 갈까 봐 겁나서 도저히 그렇게는 못 할 것 같을 때, 살아가고 노력해야 할 아무런 이유를 찾을 수 없고 영원히 이대로 낫지 않을 것 같을 때, 5분이 흘렀을 뿐인데 천 년은 더 산 것 같은 시간의 진공에 갇혀 숨이 턱 막혀올 때, 눈물과 원망과 악다구니조차 나오지 않을 때…… '아, 나는 치료와 위로가 필요하구나. 재충전과 회복이 절실하구나. 나는 괜찮지 않고 많이 아프구나!' 인정하고 곁에 와 계신 주님께 도움을 요청할 수 있기를 기도합니다. 아니, 손 내밀 힘조차 없을 당신을 주님께서 먼저 끌어안으시고 그 옷자락 안에 감싸 위로하시고 다독다독 토닥토닥해 주시길……. 제가 기도할게요. 시간이 오래 걸릴 수 있고, 때로 그 아픈 시기가 계절이 돌아오듯 당신을 덮쳐올 수도 있지만, 당신과 저는 기댈 곳이 있고 혼자가 아니며 고침받을 수 있습니다.

마음이 너무 아픈데 아프다 말도 못 하고 아픈 줄조차 모르는 당신을, 예수님께서 위로하시고 고쳐주시며 만져주시어, 무너지고 상처나 피 흘리며 고통에조차 무신경해진 망가져가는 몸과 마음을 새롭게 빚어주시기를 간구할게요.

　최고 권위의 정신건강의학과 의사, 기도의 능력이 충만하다는 은사자도 나를 고쳐주지 못하는데 누가 나를 치료할 수 있을까요? 절망스러워질 때마다 아파서 견딜 수 없어질 때마다 주님 병원에 꾸준히 찾아가요. 예수님은 우리가, 당신과 제가 들들 볶아대는 것을 좋아하시고, 상담료도 치료비도 청구하시지 않으세요. 약속 잡고 그 시간에 다시 오라거나, 이제 상담 시간이 끝났으니 다음에 보자고 하시는 분이 아니세요. 마음이 상한 자를 고치러 오셨고, 그 모든 상한 마음을 '체험! 삶의 현장'으로 아시며, 당신과 저를 위한 가장 정확한 처방전을 내실 수 있는 우리 창조자시거든요. 그러니까, 당신 그리고 저, 마음이 아파 무너질 때, 주님께로부터 도망가지 말고, 그분께 달려가요. 이건 당신뿐 아니라, 저 자신에게도 결단하는 메시지랍니다. 우리, 손잡고 함께 할까요?

　한 가지 기억할 게 있네요. 이 치료 과정은, 어쩌면, 우리가 이 세상과 이 몸과 마음을 떠나 천국에서 완전히 새로워질 그 날까지 꾸준히 계속될 수 있는 여정이라는 거요. 그래도 우리, 그게 뭐냐고 실망하지 말기로 해요. 이 연약함이 당신과 저로 하여금, 누군가의 아픔과 고통을 예민하게 바라보고 도우며 위로하게 하고, 평생 상처받은 치유자로서 정말 근사한 시간을 살아가게 도와 줄 수도 있을 테니까요. 당신의 여정을 축복하고 응원합니다. 지금 당장 만나지 못해도, 저도 함께 같이 갈 거고요. 우리, 그 길 어딘가에서 마주치면 서로 잘 하고 있다고, 최선 다하고 있다고, 하이파이브해요. 너무 힘들어 더는 못 간다고 옆에 보이는 캄캄하고 깊은 절벽의 유혹에 넘어가면 안 돼요.

소중한 당신을 다시는 못 보게 된다면, 당신을 사랑하는 누군가가, 영원히 가슴이 찢어질 테니까요.

당신과 저의 마음의 병이 조금씩이라도 나아가고, 더 바라기는 눈부시게 회복되어 지난날을 돌아보며 감사하고 미소지을 수 있는 날이 올 것을 기대하고 확신합니다.

마음의 병을 앓고 있는 가족과 친구를 두신 분들, 혹시 이 글을 읽으셨다면, 그들에게, 왜 이렇게 믿음이 없냐고, 왜 이렇게 의지가 없냐고, 야단치고 다그치지 말아주세요. 그 말이 마음에 닿을 수 있는 상태라면, 그들이 그토록 힘들어하고 있지 않을 거예요. 그리고 믿음이 좋았고 성령의 능력이 있었던 선지자들도 수없이 마음 아파 울며 힘들어했답니다. 너무나, 견디기 힘들게 괴로워했다는 것을 이해해 주세요. 손을 꼭 잡고 "괜찮아. 이대로도 넌 소중해. 기다릴게. 천천히 가자."라고 다정하게 속삭여 주세요. 꼭 끌어안고 "얼마나 무서웠니? 얼마나 힘들었니? 얼마나 아팠니? 얼마나 속상했니? 알아주지 못해서 미안하다."고 말해 주세요. 같이 눈물 흘려주시고 그 눈물을 가만히 닦아 주세요.

그리고 초조해하지 마시고, 기도해 주세요.

당신의 기도와 지지와 응원이, 오직 그 사람만을 위한 애틋하고 안타까운 공감과 이해와 정성이…… 분명 열매 맺는 시간이 올 것을 믿습니다.

저도 부족하나마 눈물의 기도를 보탭니다.

N포 세대의 한 사람으로
현재와 미래가
다 막막하고 두려운
당신께
-

미래는 아직 오지 않은 것입니다.
우리, 미리 겁먹지 말아요.
주님은 두려워하지 말라고
내내 말씀하십니다.

너무 유명해서 이제는 구태의연한 표현으로까지 여겨지는 격려의 말 중에 "포기하지 마라. 포기는 배추를 셀 때나 쓰는 말이다. 너는 배추가 아니다."가 있습니다. 열심히 노력하라는 의도는 참 좋은 말인데, 어쩐지 2010년대 후반을 살아가고 있는 사람들, 특히 젊은이들에게는 별로 와 닿지 않는 표현 같아요.

우리나라 대한민국이 한참 발전하고 있던 이전 세대엔 포기하지 않고 열심히 일하고 노력하면 분명히 그 이전보다 나은 삶을 꾸릴 수 있었습니다. '개천에서 용 난다'라는 말, '꿈은 이루어진다'는 말이, 거짓말이 아닌 세월이었지요. 하지만 지금 시대는 더 이상 그때 그 시절이 아닌걸요. 지금의 젊은이들 대다수는 어린 시절 밥을 굶고 학교를 못 가는 서러운 일을 겪지 않았습니다. 헌신적이고 교육열 높으신 부모님 슬하에서 "너는 우리처럼 고생하며 살지 말라"는 뜨거운 배려를 받으며 자라기도 했고요. 그런데 부모님의 기대대로 무언가를 이루어가야 할 나이에 이른 지금, 마주서게 되는 세상은 너무나 차갑고 팍팍하고 막막하기만 합니다.

부모님 세대는 단칸 월세방에서 숟가락 두 개 들고 신혼 생활 시작하셨어도 열심히 일하고 저축하며 쌓아가는 삶의 가치를 누리셨다지만, 그건 그분들이 애초에 그분들만의 방을 가지신 일도 없고 가족 전체의 삶 자체가 넉넉한 적이 없었기에 자연스러운 일이었죠. 젊은이들이야 어디 그런가요? 부모님 곁에서 누릴 것 다 누리면서 왕자님 공주님처럼 살다가, 내 부모님 집만 못한 곳에서 부족하게 고생하고 싫은 소리 들으며 부모님께 받던 용돈보다도 못한 벌이를 감당하며 딱히 미래가 희망차지도 않은데 살아가야 하니, 황망하고 낙담 되고, 만사가 억울하고 속상할 따름이지요. 삶에 대한 기대치, 누리고 싶은 것들에 대한 바람은 한껏 커져 있는데, 현실은 우리더러, 과거에 당연하고 자연스럽게 누리던 것조차 내려놓아야 한다고 위협합니다. 지쳐갈 수밖에 없습니다. 그러다 보니 자의 반 타의 반 이것저것 하나둘 포기할 것들이 늘어갑니다.

처음엔 3가지를 포기했다고 삼포 세대라고들 불렸습니다. 연애와 결혼과 출산! 새 가족을 이루는 모든 단계를 경제적인 불확실성과 두려움으로 단념해야 했던 거지요.

그런데 여기서 끝이 아니었습니다. 세월이 가고 살기가 점점 더 어려워지면서 포기해야 할 것들의 수가 점점 늘어갑니다. 마지막으로 정확한 숫자를 넣었던 표현이 9포 세대였지요. 3포에 있던 연애, 결혼, 출산을 기본으로, 취업과 내 집을 포기하는 5포를 거쳐, 인간 관계와 희망, 그리고 마침내 외모와 건강까지 포기해야 한다는 9포에 이르렀습니다. 그 후론 더 이상 숫자를 붙여 헤아리는 것조차 숨차고 무의미하게 느껴졌을까요? 아예 어떤 숫자든지 임의로 넣을 수 있는 N포 세대라는 말이 생겨났고, 끝내 삶을 포기한다는 쓰라린 삶포 세대라는 말이 더 이상 낯설지 않게 되었습니다.

이런 시대의 칼바람을 온 몸과 영혼으로 부딪히며 살아가고 있는 이들에게 "포기는 배추를 셀 때나 쓰는 말이다! 포기하지 말라!"고 해 보세요. 아마도 '그럼 난 배추인가? 한 포기, 두 포기…… 9포기…… 생존 포기…… 딱 배추네.'라고 썰렁한 생각을 하며 쓰게 웃을지도 모릅니다.

열심히 하면, 꾸준히 인내하면, 모든 것이 결국엔 좋아질 거라고 확신 있게 말해줄 수 있다면 얼마나 좋을까요? 그런 결말이 보장되어 있기만 하다면 젊을 때 고생, 꾹 참고 사서 할 수도 있지요. 하지만 안타깝게도 우리는 그 무엇도 확실하게 약속할 수 없는 불확실성의 시대 속에 서 있습니다. 한 세기 전만 해도, 온 세상이 인간의 성공과 발전에 대한 희망과 기대로 반짝반짝했었는데, 참 덧없죠. 심지어 그 시절에는 생각도 못 했던 환경오염으로 인한 문제, 인공지능의 개발과 발전으로 인간의 설 자리는 어디인가를 고민해야 하는 존재의 문제까지도 끌어안아야 하는 시대가 됐으니 말입니다. 게다가 이 시간이 우리를 어디로 어떻게 데려갈지 아는 이는 그 누구도 없습니다.

십대는 꿈이 없고 이십대는 답이 없고 삼십대는 집이 없고 사십대는 내 존재가 없고 오십대는 일이 없고 육십대는 낙이 없다는 자조적 표현이 오가는 이 현실이 아프게 다가옵니다.

저녁이 있고 여유가 있는 삶? 세상의 부속품이 아닌 나 자신의 의미를 찾아내는 삶? 정말 바라는 삶의 모습이지만, 그전에 우리는 쓸쓸하게 이렇게 물을 수밖에 없네요. 당장 생존이 걱정인데? 저녁의 여유, 내 삶의 의미도 중요하지만, 오늘 저녁의 밥값, 오늘 저녁까지 해결해야 할 월세와 카드결제대금이 더 시급한데?

그렇게 점점 현실적 고통 속에서 길을 잃고 답을 찾을 수 없는 시간이 길어지는 가운데, 어느새 어디에도 이력서를 내기 어려운 나이가 다가오고, 이룬 것은 하나도 없다는 생각이 영혼을 뒤덮고, 주변의 평가와 시선도 냉담해지면, 정말 삶을 포기하는 것밖에는 다른 수가 없겠다는 절망감에 이르게 되기도 합니다.

누가 확실한 답과 해결책을 준비해 줄 수 있겠어요? 세상은 시시각각 변하고 있고, 세상에 있는 자원은 한정되어 있으며, 우리 각자가 삶에 바라고 기대하는 것은 점점 커져만 가고 있는데요. 누가 요즘 세끼 밥 먹고 들어가 누울 집 한 칸만 있으면 그걸로 행복하다고 만족할 수 있나요?

무어라 위로와 격려의 말을 건네야 맞는지 할 말을 잊게 하는 이 시간 속에서 그래도 드리고 싶은 말은, 하나님은 저와 당신의 삶과 시간을 결코 절대로 포기하지 않으셨다는 진실뿐입니다.

물론 우리가 바라는 대로 척척 이루어주시는 건 아니지만요.

창세기에 등장하는 요셉을 생각합니다.

어릴 적 친어머니를 잃었고, 철없이 천진난만하게 굴어서 이복형님들의 미움을 받긴 했어도, 아버지 야곱의 사랑을 한 몸에 받으며 나름대로 행복하게 살고 있었던 열일곱 살 청소년, 그런데 무려! 형들이 요셉의 뒤통수를 쳤습니다. 아버지의 심부름을 온 동생을 죽여 버릴 계획을 세운 것이죠. 그야말로 사전 살해 모의를 했어요. 다행히 넷째 형 유다의 마음에 하나님께서 다른 아이디어를 넣어주셔서 간신히 생명은 건졌지만, 그렇게 빌었어도 형들은 요셉을 노예로 팔아버리고 맙니다. 평생의 상처가 될 사건입니다. 가족이 날 죽이려 하고 그건 좀 심하다 싶어서 다시는 못 돌아올 곳으로 쫓아보내다니…… 이럴 수가 있나요? 내 존재가 뭐였나. 절망할 만합니다.

그래도 요셉은 하나님께서 함께 하심을 믿고 견디어 냈습니다. 이집트의 실세 중 한 사람인 보디발의 집에서 노예로 살았어도, 그 성실함과 지혜로움, 그리고 하나님께서 그를 돌보심을 알아본 주인의 신임을 받아서 그 집 노예로서는 가장 높은 자리까지 올라갑니다. 그러나! 올라가는 건 오래 걸려도 추락하는 건 한 순간 아니겠습니까? 친어머니 라헬을 빼닮은 준수한 외모가 그만 덫이 되고 맙니다. 주인마님이 요셉에게 눈독을 들이고 자꾸만 유혹을 하는 겁니다. 이때의 요셉은 십대 후반 혹은 이십대 초반의 신체 건강한 청년이었습니다. 노예이니 나에겐 선택권이 없다고, 혹은 주인마님에게 줄을 대어놓는 것도 앞으로의 삶에 도움이 될 거라고 편하게 생각하고 그 유혹에 넘어갈 수도 있었을 거예요. 설령 그랬다 한들, 누가 요셉의 처세술을 비난할 수 있었겠습니까? 그러나 요셉은 그러지 않았습니다. 자신을 포기하지 않았습니다. 하나님, 그리고 자신을 신임해 주는 주인 보디발에게 이런 악을 행할 수는 없다고 단호하게 뿌리칩니다.

아, 너무 멋진 요셉! 하나님이 진짜 요셉과 함께 하시고 그를 형통케 하시는 게 맞다면, 이렇게 믿음과 양심과 순결을 지켰으니, 뭐 상이라도 주셔야 맞는 거 아닌가요? 보디발 부인이 감동하여 자신의 잘못을 뉘우쳤다든가, 사실을 알게 된 주인 보디발이 큰 상을 내리고 노예 신분에서 해방시켜 준다든가, 그 정도는 되어야 교훈도 되고 살아봄직한 세상인 거잖아요. 그런데, 이럴 수가!!! 믿음과 양심을 필사적으로 지킨 대가는, 억울한 성폭행 미수 누명을 쓰고 감옥으로 끌려가는 것이었습니다. 하나님께서 살아 계시고 정의가 살아 있다면 이럴 수는 없는 거라고, 하나님을 원망하면서 감옥 창살에 머리를 박고 죽는다 해도 이상할 것이 없는, 분하고 절망적인 상황이었죠. 그래도 그 와중에도 하나 흥미로운 사실은 주인 보디발이 아내의 고자질을 듣고 화를 낼 때 요셉을 죽이지는 않고 그저 감옥에 가두었다는 점입니다. 한방에 죽여 버릴 수도 있었을 텐데요. 하나님의 작전이기도 했겠고, 어쩌면 자기 부인과 요셉을 둘 다 잘 아는 보디발 입장에서 부인의 고자질에 미심쩍은 부분이 많다고 여겼을지도 모르겠어요.

노예보다도 더 기막힌 억울한 죄수가 되어, 포기해야 할 것들이 더 늘어났음에도, 요셉은 포기하지 않습니다. 포기했다면 하나님께서 그와 함께 하시지도 않았을 테고, 간수장이 요셉을 기특하게 보고 감옥의 모든 일을 다 맡기는 일도 없었을 것이며, 애굽 왕의 최측근이었다가 역시 감옥에 갇힌 술 맡은 관원장과 떡 맡은 관원장의 안색과 기분이 어떤지 알아챌 정도로 요셉이 다른 이들에게 관심을 쏟지도 못했을 거예요. 요셉은 생명 이외에 모든 것을 포기하고 절망해도 이상할 것 없는 상황에서도 소망을 지니고 살아간 모양입니다.

그리고 술 맡은 관원장의 꿈을 해몽해주고 그의 밝은 미래를 예언하면서 처음으로 자신의 억울함을 호소하고 구명을 부탁하죠. 그 사람이 풀려나 복직되었을 때, 요셉이 얼마나 기대하면서 기도했을까요. "하나님, 제 억울함을 다 아시잖아요. 이제는 저 꺼내 주시는 거죠? 제발!"

그러나 결과는? 술 맡은 관원장은 요셉을 기억하지 못 하고 까맣게 잊어버렸습니다(창 40:23).

할 말이 없네요. 제가 어린 시절에 성경 그림책을 읽으면서 가장 화나고 실망했던 대목이 바로 여기라 지금도 그 느낌이 생생합니다. 독자인 어린 저도 실망했을 정도니, 그 상황을 실제로 겪은 20대의 요셉은 어땠겠느냐고요. '아무래도 하나님께서 날 버리셨나 보다. 안 그러면 나한테 이렇게까지 하실 수가 없다! 에잇. 나도 비뚤어질 테닷!' 너무 낙심되었을지도 모르겠어요. 성경은 이후 2년간 요셉의 상태에 대해선 우리에게 아무 이야기도 해 주지 않습니다.

그러나 모두가 잊어버린 요셉, 어쩌면 마음속 깊은 곳에서는 요셉 그 자신도 미래를 포기하고 있었을지도 모를 그 요셉의 삶을 하나님은 포기하시지 않았다는 것을 우리는 확인하게 됩니다.

포기하시기는요. 요셉의 억울함과 하나님과 함께 갈고 닦은 지난 세월을 한꺼번에 갚아서 반짝이게 해 주시는 엄청난 그 순간, 역사의 한 지점을 하나님은 준비하고 계셨어요.

애굽왕이 미래를 보여주는 꿈을 꿉니다. 아무도 그 의미를 해석할 수 없어서 답답해하고 있을 때, 하나님께서 술 맡은 관원장의 기억 회로를 복구시키시네요. 기억의 전구에 불이 들어와 번뜩 요셉 생각이 떠오른 그 사람은 왕에게 요셉에 대해 말합니다.

요셉이 아마도 '이젠 밝은 미래는 포기해야 할 것 같다. 답도 없고 길도 없구나. 하나님도 날 잊어버리신 것 같고……'라고 괴로워하고 있었을지 모르는 어느 날, 예고도 전조도 없이, 요셉의 인생은 더 이상 달라지기 어려울 만큼 달라집니다.

아마 그래서 그랬을 거예요. 요셉이 국무총리가 되고 나서 바로 가족을 찾으러 가지 않은 이유! 하나님께서 정하신 시간과 때를 믿고 준비하며 소망을 잃지 않는 것이 최선이지, 내가 계획하고 내 상황과 현실에 맞추어 계산해보고 성패 여부를 따지는 일이, 별 소용이 없다는 것을 자신의 청춘 시절에 깊이 몸으로 배웠기 때문에…….

그리고 하나님께서 포기하시지 않았고, 요셉도 다른 건 몰라도 하나님에 대한 소망만큼은 끝끝내 포기하지 않고 붙들었기에, 요셉의 삶은 모든 것을 포기해야 했던 삶에서 모든 것을 하나씩 하나씩 이루어가는 인생으로 변화됩니다.

요셉에게만 일어난 일이라고 생각하시나요? 그렇지 않아요. 모세도, 다윗왕도, 욥도, 그 외 수없이 많은 이들이 이 길을 걸었고 또

한 걸어가고 있는 중입니다.

삶포 세대, N포 세대인 우리에겐 딴 세상 이야기라고요? 아니오. 아무것도 가진 게 없는 비빌 언덕도 없는 우리라서, 예수님 말고는 길도 답도 없는 배추 인생인 우리라서, 우리에겐 더 소망이 있는 거라고 감히 말씀드리고 싶어요.

요셉이 몇 번이고 포기하고 싶었을 순간에도, 사실 하나님께서는 언제나 그와 함께 계셨음을, 우리, 잊지 말기로 해요. 저와 당신이 포기한 그 자리에서, 하나님께서 우리를, 우리의 삶을 포기하시지 않고 새롭게 세워 가심을, 우리, 진심으로 믿기로 해요.

그래요. 우리가 꿈꾸고 소원한 모든 것을 다 우리 뜻대로 이루어 주시지는 않을 거예요. 요셉은 노예로 팔려가길 원치 않았고 억울한 누명을 쓰다니 황당했을 거고, 술 맡은 관원장이 하나님의 선한 도구가 되어 주려나 하고 믿고 기도하고 기대했는데 그것도 아닌 것으로 드러났을 때 분명 '하나님은 대체 왜 이렇게까지?!' 그랬을 겁니다. 우리도 우리의 삶의 현장에서 기도하고 바랐던 무언가가 한 가지씩 모래성처럼 사라져가고 무너지는 것을 볼 때마다 '역시 나는 하나님도 구해 주시지 않는 N포의 존재인 건가?' 라며 휘몰아치는 절망의 찬바람에 끙끙 앓는 시간도 있을 겁니다.

하지만, 하나님은, 하나님을 포기하지 않는 N포人(인)인 당신께, 하나님의 때에 꼭 필요한 것을 하나씩 채워 주실 거예요. 그렇게 약속하셨습니다.

물론 한 가지 확실히 기억해야 할 점은 있다고 봅니다. 하나님을 향한 믿음과 소망을 붙드시는 당신, 세상의 시계에 맞춘 성공 시간과 세상 잣대에 맞춘 성공 기준과 세상 저울에 올린 세상의 가치에 매달려 끌려가지 말기로 해요. 어떤 조건의 누구와 몇 살쯤 결혼하고, 어느 정도의 돈을 벌고 어느 정도의 위치에 올라 어느 정도 크기는 되는 집을 가져야 행복한 거라는, 하나님께서는 관심 안 가지시는 이야기는 포기하기로 해요. 어디로 왜 뛰는지 목적지가 어딘지도 모른 채, 남들이 다 뛰니까, 거기로 뛰지 않으면 안 된다고들 하니까, 무조건 죽도록 달리지 말아요.

나에게 주신 때와 나에게 주신 목적, 나에게만 허락하신 블루오션(남들이 아직 개척하지 않은 채 남아 있는 청정 개척지)을 알게 해 달라고 지혜를 구해요. 우리.

많은 것을 억지로 포기하도록 강요받는 이 험악한 세월을 견디고 있는 당신은 지금 모습 그대로 대단하고 용기 있는 사람입니다. 마음을 다해 응원하고 위하여 기도할게요.

우리 주변의 사랑하는 이들에 대해서도 우리가 먼저 포기하지 말기로 해요. 하나님께서 그를 포기하지 않으셨는데, 우리가 무얼 안다고 하나님보다 먼저 그를 포기하나요? 우리, 그러지 말아요. 한 번 더 격려하고 한 번 더 보듬고, 한 번 더 기회를 허락하고, 많이 기도하고 응원해 주기로 해요. 누군가가 우리에게 그래주길 바라는 것처럼 그렇게요. 영이신 하나님은 우리가 하나님을 대신해 그런 작고 사소하지만 소중한 일들을 해 주기를 기대하고 계십니다.

내 삶도 당신의 삶도, 우리 것이 아님을 알기에 포기하지 않고 맡기며, 하나님과 의논하고 그 말씀에 귀 기울여 내게 꼭 맞는 그 자리를 찾아가는 우리이기를…….

배추 숫자가 아닌, 바로 당신의 마음을 헤아리고자 간구하고 응원을 보내며.

걱정근심은 날리자

종이비행기처럼

슬럼프에 빠져
아무것도 못 하겠는
당신께
-

지금 그 곳에
당신 혼자 있지 않기에 ……

누군가가 정말 극심한 슬럼프로 아무것도 할 수 없고 하고 싶지 않은 상황 속에 있다면, 아마 그 이는 이 글을 읽을 의욕도 없을 것입니다. 짜증스럽고 귀찮을 뿐. 그런 누군가가 이 편지를 읽으시는 당신 곁에 있다면, 그 이에게 억지로 읽어보라 하지 말고, 그가 지쳐 잠들었을 때, 나직한 목소리로 조용히 가만가만 읽어 주세요. 듣지 않아도 괜찮아요. 그 이가 다시 회복되기를 간절히 바라고 기도하는 우리의 마음과 기도가 가 닿을 수 있도록 아주 작은 가능성의 길을 만들어요. 다그치지 말고 막무가내로 끌어내려 하지 말고, 조용히 든든히 지켜 주어요.

정말 성실히 최선을 다해 달려왔는데, 갑자기 어디에서 무엇이 잘못되었는지도 알 수 없게 아무것도 할 수 없고 해도 되지 않는 그런 캄캄한 구덩이 속에 빠질 때가 있습니다. 당신의 삶 속에 그런 어두컴컴한 날들이 부디 적기를 혹은 아예 없기를 바라지만, 우리가 사람인 이상, 그건 피할 수 없는 일인 것 같아요. 빈둥빈둥 대충 대충 사는 이에게는 모든 최선이 갑자기 최악이 되고 모든 것이 '아무것도 아닌 것'으로 변해 버리는 시간 같은 거, 오지 않을 수도 있죠. 오히려 열심히 늘 열과 성을 다해 달린 사람이 어느 순간 쓰러져 일어나지 못 하는 시기를 맞이하는 듯합니다.

이 구덩이에 한 번 빠지면, 헤어 나오기가 정말 어렵습니다. 힘이 전부 다 날아가 버려서 정말 손가락 하나 까딱할 기력도, 화내고 눈물 흘릴 의욕도 남아 있지 않게 되거든요. 이 편지를 쓰기 며칠 전, 단체 카톡방을 통해 아주 활발하게 활동을 하던 지인이 갑작스럽게 말없이 단톡방을 탈퇴했습니다. 다시 단톡방에 초대할 수도 없게, 초대 거부 상태로…… 누군가가 그의 기분을 상하게 한 일도, 또 그의 주변에 충격적인 사건이 생긴 것도 — 제가 아는 한 — 전혀 없었는데, 대체 이게 웬일인가 놀라고 당황스러웠어요. 그래서 그 친구에게 연락을 했더랬습니다. 그랬더니 그 친구가 간단히 대답하더군요. "그냥…… 모든 것이 힘들어졌어. 아무 일도 없는데, 아무것도 안 하고 싶고 아무도 안 만나고 싶고, 카톡 알림음 소리도 너무나 거슬리는 거야. 내가 열심히 해 온 일들이 무슨 의미가 있나 싶고…… 지쳤나 봐."

"네가 해 왔고 또 지금도 하고 있는 많은 일들이 결코 무의미하지 않고 소중하며 귀한 일이야"라고 진심을 전하며 격려했지만, 그 친구는 허허롭게 웃으며 대답했어요. "지금 네 말조차도 귀찮기만 해. 미안하다고 안 할게. 사실 미안하다는 마음도 안 생길 정도로 내 상태가 캄캄해."

정말 마음을 터놓을 수 있는 사이이기에 이런 말을 할 수 있었으리라 생각합니다. 아무것도 해 줄 수 없어서 마음이 아팠지만, 그야말로 정말 저는 그 친구에게 아무 도움도 의지도 될 수 없었어요.

좀 쉬라는 말과 기도하며 기다리겠다는 인사를 남기며 대화를 멈출 수밖에 없었답니다.

그 친구를 이해한다고 말하면 불쾌해 했으려나요? "나도 내 상태를 모르겠는데, 네가 나에 대해 뭘 이해한다는 거야? 아는 척 나서지 좀 마." 할까요? 어쩐지 그럴 것 같기도 해서, 차마 너의 상태를 이해한다고 말하지 못했습니다.

하지만, 저도 알아요. 슬럼프라는 구덩이에 빠져 아무것도 못하겠고, 해도 역효과만 계속 나는, 어떻게도 할 수 없는 캄캄하고 끔찍한 그 시간을…… 슬럼프 그거! 운동선수나 예술가들에게만 찾아오는 거 아니더라고요. 열정적으로 최선을 다해 살아가는 모든 이들에게 언제라도 가만히 소리 없이 찾아올 수 있는 그런 거예요. 난 늘 기도하고 운동하고 말씀 읽고 정신력이 강하니까 슬럼프 따위 결코 날 잡지 못한다고 자신하지 마세요. 우린 그저 연약한 사람일 뿐인 것을요.

그렇다면 슬럼프가 저와 당신을 덮칠 때, 속절없이 그 구덩이에 풍당 빠졌을 때, 우리는 도대체 어떻게 하면 좋을까요?

지금 이 순간, 제 마음속에 떠오르는 장면이 있습니다. 작년 봄(2017년 3월), 3년 가까운 시간을 바다의 뻘 속에 파묻혀 있다가 아주 조심스럽게 인양되어 물 밖으로 모습을 드러냈던 세월호. 시험적으로 뻘에서 1미터 들어 올리는 것조차 얼마나 조심스러웠던가요. 행여 균형을 놓쳐 도로 뻘속으로 떨어뜨리는 거 아닐까 온 국민이 애태우고 숨을 죽이며 조마조마해하면서 그 과정을 지켜봤었죠.

저도 그 사람들 중 하나였고요. 가라앉은 배 한 척을 세상으로 끌어 올리는 데에도 이처럼 힘과 노력과 공이 드는데, 한 생명과 존재 전체를 무겁게 가라앉은 심연의 구덩이 속에서 건져 올리려면 대체 얼마나 조심하고 또 공을 들여야 하는 걸까요. 그 작업을 지켜보고 응원하면서 '내가 그 동안 사람의 영혼의 위기를 너무 쉽게 여겼었구나!' 하고 반성했었습니다.

2017년 3월 23일, 동이 터 오는 이른 새벽 3시 58분경, 침몰한 지 1073일만에 세월호가 물 밖으로 모습을 드러냈을 때, 새벽 기도회를 준비하며 그 소식을 듣고 있던 저는 울었습니다.

세월호의 희생자들과 유가족들께는 차마 드리기 민망한 아픈 말이지만, 세월호가 우리 눈앞에서 소용돌이치는 물속으로 속절없이 빠져들고 우리는 아무것도 못한 채 그저 발 동동 구르며 바라볼 수밖에 없었던 2014년 4월 16일 잔인했던 그 날에 저는 지옥이 바로 이거라고 절망했었거든요. 눈앞에서 수많은 — 게다가 대다수가 채 피어보지도 못한 꽃봉오리같은 어린 — 생명들이 캄캄한 어둠 속으로 끌려들어가는 모습을 울며 소리치는 것 말고는 아무것도 못한 채 바라봐야만 했던 그 때, 그 소용돌이는 얼마나 잔인하고 그 시간은 얼마나 잔혹하던지…… 그 후로 얼마나 많은 날들을 우리가 괴로워하고 아파하며 지냈던가요. 다시는 못 볼 수도 있다 여겼던 세월호의 귀환을 보면서, 저는 예수님께서 지난 1073일 동안 저 깊은 심연 속 세월호 안에 함께 계시다가 그 새벽 마치 부활하시던 그때처럼 같이 나오신다는 느낌이 들었어요.

한글 사도신경에서는 생략된 부분이지만 사도신경 중 예수님에 대한 고백 중에 다음과 같은 구절이 있답니다. 장사되시고 '음부에 내려가셨다가' 사흘 만에 죽은 자들 가운데서 다시 살아나셨다고요. 이 '음부'가 대체 어디인가를 두고 지옥이라느니 구원받지 못하고 죽은 자들의 세계라느니 그저 죽음의 권세가 지배하는 컴컴한 곳이라느니 다양한 해석과 논란이 있어서, 결국 이런저런 사정으로 우리나라 사도신경 고백에서는 제외되어 버렸지만, 저는 이 예수님 내려가셨던 '음부'가 '죽음보다 더 힘들고 고독하며 다른 누구도 함께 해 줄 수 없고 그 어떤 빛도 소망도 들어올 수 없는 깊음'이라고 생각합니다. 살면서 겪는 깊은 절망과 우울, 슬럼프와 멘탈 붕괴의 시간도 이 고통스러운 음부라고 생각해요. 그렇게 여기기에, 온 국민의 마음이 함께 침몰했던 진도 팽목항 앞바다, 세월호가 1073일간 차갑게 누워 있던 그 자리 역시 '음부'라고 느낍니다. 그런데 사도신경의 고백을 따르자면, 십자가에 달려 죽음의 고난을 맛보신 예수님께서 부활하시기 전 찾아가 계셨던 곳이 바로 이런 깊음과 어둠 그 끝이었다는 거죠. 누구도 손잡아 줄 수 없고 누구의 위로도 격려도 도움도 가 닿을 수 없어 홀로 잠들어 누운 그 자리에 죽음의 고난을 아시는 예수님은 함께 계시고, 그 어둠을 헤치고 나오도록 지키시고 인도하신다는 것…… 그 믿음이 지옥 같은 절망으로 괴롭던 저의 마음에 소망을 주었더랬습니다.

깊은 슬럼프에 빠지신 당신, 아무것도 못 하겠는 상태에 빠지신 당신, 살아 있어도 산 게 아니고 그렇다고 죽을 수도 없는 당신! 지금, 당신의 곁에 예수님께서 내려와 함께 계심을 알아주세요. 너무 어두워서 안 보이시겠지만요. 계시든 말든 당장 나를 건져 주시는 것도 아닌데 뭘 어쩌라는 거냐고 하실지도 모르지만, 당신이 찬란한 새벽을 맞이하며 다시 떠오르는 그 순간까지 그 분은 당신을 떠나지 않고 아픔과 고통을 함께해 주신다는 것을 부디 믿어 주세요. 그러니까…… 시간이 아주 오래 걸릴지도 모르고 조심스레 균형을 잡느라 매 순간순간이 식은땀 나는 위기의 연속이 될 수도 있지만, 당신은 혼자가 아니며 영원히 그 심연 속에 있지도 않을 겁니다. 주님은 당신과 함께 계시려고, 당신을 다시 소망으로 데려오시려고, 거기, 그 누구도 그 무엇도 가 닿을 수 없는 곳에 직접 가셨으니까요. 이 소망이 이 임마누엘이, 언젠가 당신에게 위로가 되고 솟구쳐 올라오는 힘이 되길 간절히 바라고 기도하며 이 글을 띄웁니다.

성경 66권 책들 중 가장 심각하고도 심오한 전도서의 3장에 보면 모든 일에는 때가 있다는 유명한 말씀이 나와요. 심을 때가 있고 심은 것을 뽑을 때가 있으며…… 헐 때가 있고 세울 때가 있으며…… 찾을 때가 있고 잃을 때가 있으며 지킬 때가 있고 버릴 때가 있으며, 찢을 때가 있고 꿰맬 때가 있으며…… 돌을 던져 버릴 때가 있고 돌을 거둘 때가 있으며…… 전쟁할 때가 있고 평화할 때가 있다고 하지요.

우리 마음이야 늘 심는 때, 찾을 때, 평화할 때만 살았으면 하고 간절히 바라지만, 늘 햇볕만 내리쬐고 비가 안 오면 온 세상이 결국

사막으로 변하겠죠.

우리가 때를 제대로 모르고 무조건 밝고 좋은 시간, 달려 나가고 웃을 시간만 챙기기에, 하나님께서 잠시 쉬라고 슬럼프의 시간을 허용하실 수도 있겠다, 우리 그렇게 믿기로 해요.

세상 누구보다 소중한 당신, 아무것도 못 하겠는 시간엔 쉬면서 다시 바뀌는 주님의 시간을 기다려 주세요. 지금은 쉬고 재충전해야 할 시간, 멈추어야 할 시간, 주님을 만나야 할 시간인지도 모릅니다.

이렇게 아무것도 못하는 시간이 길어지면 과연 다시 일어설 수 있을까 걱정하시나요? 아시잖아요. 하나님께서 도우시면 길이 없는 곳에 길이 생기고 답이 없던 곳에도 답이 나타난다는 것을요. 당신의 심연에 함께 계시는 예수님, 고난과 죽음 후 절대로 못 이길 그 무서운 세력을 이기고 부활하신 그 분께서 당신의 손을 굳게 붙잡아 주시고 빛이 되어주실 거예요.

우리, 해 봐서 알잖아요. 다 잘 될 것 같았는데, 아무 문제도 없었는데, 이상하게 아무것도 되지 않고 막히던 그 기막힌 순간들을!

주님의 시간을 기다리며 주님과 함께 평화를 누려요.

그 기다림의 시간이 당신과 당신을 사랑하는 이들에게 너무 많이 아프고 쓰라린 시간이 아니길, 잘 이겨낼 힘과 필요한 은혜를 공급받고 재충전되어 새로워지길, 아파하는 나무를 어루만지는 맘으로 기도 보낼게요.

괜찮아요. 단지 지금 이 순간 할 수 없는 것뿐이에요. 주님이 여시는 당신의 계절에 물 위로 떠오르고, 아름다운 꽃을 피우며 맛있는 열매를 맺으시길 기대하고 믿어봅니다. 당신의 시선 밖 1센티미터 이내에 항상 계시는 예수님을 믿고 바라봅니다. 당신도 그러하시기를…….

1073일보다 오래 걸리지는 않을 거예요. 그렇죠?

왜 나는 안 되냐는
열등감에 속상한
당신께

-

나의 맞춤형 프로그램을
찾아서 나아가요.

"넌 뭐든지 할 수 있어. 될 수 있어. 긍정의 힘을 믿어!"

"내게 능력 주시는 자 안에서 내가 모든 것을 할 수 있느니라(빌 4:13)."

"노력해서 안 되는 일은 없어!"

본래 그런 의미로 기록된 것이 아닌 성경말씀까지 멋대로 왜곡하여 끌어다 붙이는 만능 긍정과 성공 신화의 환상과 채찍질이 가득한 세상을 우리는 살아가고 있습니다.

세상은 성공한 사람들의 이야기에 열광하고, 노력하면 우리도 그 같은 일을 이룰 수 있다고 말합니다. 심지어는 적지 않은 신앙인들조차 믿음과 기도의 힘으로 기적을 이룰 수 있다 주장하면서, 그 기적이 당신에게 일어나지 않는 이유는 당신의 긍정 믿음과 기도가 부족한 탓이라고 꾸짖지요. 세상이 온통 그것이 옳고 그 방향이 최종 목표지라고 선전하며 다같이 달릴 것을 강요하는 통에, 심지가 굳지 못한 대다수 사람들은 그 위험한 덫에 치이고 그 달콤하고 황홀해 보이는 신기루에 속아, 본래 우리 몫이 아닌 고통에 짓눌려 시간과 재능과 인생을 슬픔과 좌절로 얼룩지게 하는 듯합니다. 정말 슬프고 안타까운 일이예요.

남들은 노력해서 다 된다던데, 왜 나는 안 되는 거냐고 고통 받고 피눈물을 흘리는 당신께 이 편지를 씁니다.

믿지 않는 사람들이 더 많이 인용하는 성경 표현 중에 '다윗과 골리앗의 싸움'이라는 것이 있지요. 도저히 이길 수 없는 승부를 맞이하는 쪽이 다윗, 당연히 손쉽게 이기는 게 마땅한 거대한 힘을 지닌 쪽을 골리앗으로 빗대어 부르면서 한 판 승부를 흥미진진하게 표현합니다. 그런데 그거 아시나요? 성경 그대로 믿자면 다윗과 골리앗의 전쟁에서 언제나 다윗이 이기는 게 맞는데, 현실 속 전쟁은 별로 그렇지 않다는 것을요. 실제로 다윗으로 평가되던 쪽이 이기면 오히려 기적이 일어났다고 난리가 납니다. 놀라워서요.

얼마 전(2018년 6월) 치러진 축구 러시아 월드컵 F조 예선 우리나라 경기에서도 그랬죠. 세계 랭킹 1위이자 지난 대회 우승팀인 독일을 상대로 싸워야 했던 우리 축구 국가대표팀, 이미 2패를 당한 터라, 16강 진출이 거의 불가능한 상태였죠. 실낱같은 희망은 있다고 우겼지만, 그 복잡한 경우의 수를 따지면서, 독일이 한국에 패하는 시나리오를 예상한 사람은 거의 없었습니다. 그러나 세상일은 정말 모를 일투성이고 축구공은 둥글어서, 우리나라 축구팀은 독일을 2대 0으로 꺾고 함께 16강 탈락의 동지가 되었습니다. 16강 진출이 좌절되었는데도, 골리앗인 독일을 이겼다는 것만으로 온 나라가 얼마나 기뻐하고 감격했던지요. 축구 광팬인 모 청춘영화 배우는 '역사적인 경기'라고까지 표현했더군요.

그런데 긍정의 힘이 정말 맞고, 기도와 믿음으로 다윗이 골리앗을 이기는 게 늘 자연스러운 일이라면, 우리 국민이 그토록 감격했을까요? 현실 속에서 다윗이 골리앗을 이기는 경우가 거의 없기 때문에, 그 엄청난 기적을 직접 경험했기 때문에 그토록 환호하고 감격할 수 있었던 거겠죠.

성경 사무엘상 17장에 길게 등장하는 다윗과 골리앗의 실제 대결 장면을 우리 함께 파헤쳐 볼까요?

다윗은 평소 양치는 목동의 비상용 무기로 가지고 다니며 사용하던 막대기와 돌멩이 다섯 개, 그리고 물매를 들고 골리앗과 싸우러 나갑니다. 돌멩이 하나로 거인 장군 골리앗의 이마를 맞춰 기절시킨 후 자기 자신은 칼도 없어서 쓰러진 골리앗의 칼을 뽑아 그의 목을 쳤지요. 정말 대단했습니다! 이런 기적의 주인공이 또 있을까요?

그런데 말이죠. 그 기적적인 승리는 다윗의 능력 덕분이 아니었어요. 실제 나아가 싸운 것은 그였지만 스스로도 고백했죠. 이스라엘 군대의 하나님의 이름으로 싸운다고요(삼상 17:45). 한 마디로 하나님께서 전적으로 다윗 편이 되어 밀어주셨기 때문에 이겼던 것이지, 다윗이 그 동안 목동 일을 하면서 남몰래 갈고 닦은 실력이 천재적이고 특별해서 당연히 이긴 게 전혀 아니었다는 거죠. 그리고 당신과 저에게는 매우 애석하게도, 하나님은 그런 방식의 기적을 자주 일으키시는 스타일이 전혀 아니십니다.

신약 성경 내용의 절반을 기록한 복음선교사이자 신학자인 사도 바울은 앓고 있는 질병이 무수히 많았습니다. 그래서 전도여행을 다니는 내내 의사인 누가가 동행하면서 주치의 노릇을 했습니다. 때론 죽은 사람도 살려내고(행 20:9-12), 심지어는 그의 손수건이나 앞치마만 가져다 얹어도 병든 사람이 치유되는(행 19:12) 엄청난 성령의 은사의 소유자인 사도 바울이었지만, 하나님은 그의 지병은 고쳐주시지를 않으셨습니다. 바울의 믿음과 기도가 부족했겠습니까? 그는 자신의 육체의 가시를 떠나보내면 사도의 일을 더 잘할 수 있다고 믿고 하나님 앞에 병을 고쳐 주시길 세 번이나 작정하여 기도했습니다(고후 12:8). 그러나 사도의 간절한 믿음의 기도에 대한 하나님의 응답은 "아니. 넌 지금 그대로 족해. 약한 지금이 더 나아." 즉, 단호한 거절이었습니다.

아무것도 모르는 갓난아기 시절에 인간은 자신은 무엇이든 할 수 있고 될 수 있다는 생각을 한다고 해요. 전문가들은 이것을 '유아기적 전능감'이라고 부릅니다. 그러나 성장해가면서 아기는 세상이 자기 생각대로만 움직이지 않는다는 현실을 알아가고 삶의 지혜를 얻어가게 됩니다. 그런데 어른이 되어서도 자기 자신과 현실을 올바로 판단하지 못하고, 그것도 하나님과 함께 하고 그 뜻에 순종하지도 않으면서, 내가 믿고 원하고 죽도록 노력하니 다 될 거라는 헛된 망상에 잠겨 있는 것은 대책 없는 유아기적 전능감에서 벗어나오지 못한 어린아이 상태라고 진단 내릴 수밖에 없습니다.

생떼를 써도 하나님께서 내게 그 일을 이루어주시는 데 동의하시고 일하실 생각이 없으시다면 그 일은 이루어지지 않을뿐더러,

설령 이루어진다 해도 결코 하나님의 은혜와 영광을 이루는 '끝까지' 복된 일은 되지 못한다는 진실을, 우리는 인정해야 합니다. 더욱이, 하나님은 사람들이 생각하는 성공이 곧 복이라고 하시지 않는 분이니까요. 악인이 형통해도 부러워하지 말라고 성경 곳곳에서 말씀하셨고, 의인이 무고히 고난당하며 하나님의 사람들이 겸손과 인내의 쓴 잔을 마시는 훈련을 잘 받고 주님의 디자인대로 아름답게 만들어져 가도록 이끄시는 데 더 관심이 많으십니다. 그렇기에 하나님께 매달려 내 뜻을 이루어달라고 말씀에 기초하지 않은 억지를 쓰고 긍정적으로 "불가능은 없다!"고 외치면서 못 할 일이 없다고 하는 건, 믿음이 아니고 허세이며 오기이자 교만일 수도 있어요. 자기 긍정이 하나님을 떠나면 자기가 세상의 중심이자 우상이 되기 때문이지요.

빌립보서에 등장하는 '내게 능력 주시는 자 안에서 내가 모든 것을 할 수 있다'는 바울의 고백은, 감옥에 갇혀 힘겹고 어려운 중에도, 하나님께서 함께해 주셔서, 복음을 전할 기회를 얻고, 자존심을 버리고 성도들이 주는 재정적 도움을 감사히 받을 수 있는 유연함과 겸손함을 배우고, 힘들고 괴롭고 뜻이 좌절되고 모든 것이 부족한 일련의 상황 속에서 낙심하지 않고 주님을 바라보며 자족하는 일체의 비결을 배우는 일에, 모든 것을 할 수 있다는 뜻으로 쓴 말씀입니다. 그 구절만 똑 잘라다 하나님께서 능력을 주시도록 긍정하고 믿고 기도하고 노력하면, 나도 다윗 같은 슈퍼맨이 될 수 있다는 의미로 해석하고 밀어붙이는 것은 어리석은 해석입니다. 그 대단한 전쟁 영웅 다윗도, 외국과 광야에서 장인 사울 왕에게 쫓겨 다니며 목숨을 위협받는 세월을 상당히 보내면서 어려움 중에 오직 하나님만을 의지하는 법을 훈련받았다지요. 기도해서 한 번에 사울 왕을 꺾고 왕이 되는 영웅신화가 펼쳐진 건 아니라는 사실을 꼭 기억하세요!

이러니, 왜 나는, 왜 나만 이 모양 이 꼴이냐고, 열등감 폭발시키며 좌절하지 않아도 돼요. 아니, 그럴 필요도 이유도 없어요. 사람에게 저마다 다른 인생의 프로그램을 계획하시고, 저마다 다른 시간표와 재능과 성공과 실패를 골고루 안배하신 것이, 하나님의 창조 법칙의 원리가 맞으니까요. 서로 최고점을 찍는 시기와 최저점을 찍는 시기가 다르고, 받은 달란트에 차이가 있는 게 맞으니까요.

그러니, 하나님께 참 소중한, 독생자 예수님보다 더 귀하게 여김을 받으시는 당신, 슬퍼하지 마세요. 우리를 덮치는 초라함에 자신을 내어주지 말아요. 성공도 실패도 다 하나님 품 안에 있는 거고요, 세상일에서 크게 성공하지 않아도, 하나님은 당신을 실패자라 여기지 않으십니다.

우리, 세상이 맘대로 정해놓은 성공 기준, 자신이 중심인 헛된 무한 긍정의 광고에 넘어지지 말기로 해요.

우리, 하나님 탓, 다른 사람 탓, 환경 탓하지 말기로 해요. 그런다고 뭐가 아름답게 변화하나요. 잠시 잠깐 후련하고 위로가 되는 듯 스스로를 속일 순 있겠지만, 결국엔 그저 우리만 더 망가져 갈 뿐이랍니다. 그렇다고 모든 게 내 탓이고 내 문제라고 과도한 자책감과 좌절감에 빠지는 것도 안 돼요.

우리, '나는 무엇이든 할 수 있는 사람은 결코 아니라'는 사실을 잊지 말기로 해요. 간혹 열정적으로 기도하는 이들이 이런 표현을 쓰죠. "성경에 기록되어 있사오니 예수님보다 더 큰 일(요 14:12 참조)도 하게 하옵소서!" 이 기도는 자칫 엄청난 교만과 착각과 문제를 불러일으킬 수 있기에 그 뜻을 알고 조심스럽게 올려야 합니다. 예수님은 3년간의 공생애 기간 동안 유대 땅과 사마리아 땅을 넘어 바깥 세계로 진출하여 복음 전하신 일이 없었습니다. 그러나 이제 그 분의 제자들은 예수님의 부활을 보고 성령의 충만함을 받아 땅끝까지 선교하는 이들이 될 것이었습니다. 그런 의미에서 예수님은 제자들이 예수님께서 행하셨던 복음 전도의 일을 예수님보다 더욱 지경을 넓혀 큰 스케일로 하게 되리라는 말씀을 그렇게 표현하신 것이었어요. 예수님보다 더 큰 일을 하겠다는 뜻이 왜곡되면, 오직 예수님께서만 하실 수 있었던 유일한 구속 사역, 유일한 메시아의 역할을 이 시대의 나도 할 수 있겠다는 망상에 빠져 이단 교주로 전락할 확률이 아주 커진다는 것에 유의하여 조심 또 조심하고 겸손해야 할 것입니다. 이 시대의 당신과 저는, 예수님의 제자, 좋은 일꾼은 될 수 있지만, 예수님의 유일한 대속자 역할도, 그 분의 직계 제자들에게 허락되었던 사도의 일도 허락되지 않은, 한계를 지닌 사람임을 인정하고 받아들여야 합니다. 그래야 어리석은 죄와 악에 빠지지 않을 테니까요.

하나님의 집에는, 하나님의 계획과 뜻에 따라, 그리고 시대의 필요와 요구에 따라, 저마다 다른 달란트, 개성으로 독특하게 빚어진 헤아릴 수 없이 많은 그릇들이 있습니다. 당신과 저도 그 중 하나의 그릇으로 이 세상에 있어요. 당신을 향한 특별한 맞춤형 인생 프로그램을 따라 살아가면서, 하나님께서 당신에 대해 세우신 계획을 알고 순종할 때, 하나님은 그 분이 내게 바라시고 꿈꾸시는 아름답고 선한 일을 할 수 있도록 당신을 인도하실 거예요.

그 분의 뜻과 나의 뜻이 딱 맞아떨어진다면 그보다 더 행복한 일이 없겠죠. 그럴 때가 오면, 원래 내가 할 수 없을 거라 생각했던 일들도 그분의 능하신 손 안에서 거룩하게 감당할 수 있을 겁니다. 그리고 그 순간 내게 능력 주시는 자 안에서 내가 모든 것을 할 수 있다는 말씀이 당신의 삶의 고백으로 터져 나오게 되겠지요.

그러니, 하나님의 독특한 아이디어와 심혈을 기울이신 정성으로 빚어지신 참 소중한 당신! 세상의 가치관을 따라 망상에 잠기시지 말고, 하나님의 뜻 안에서 꿈꾸세요! 당신이 주님과 함께 가장 멋지게 잘 할 수 있을 일, 당신의 한계를 넘어 행할 수 있는 바로 그 일을 찾아내고 해낼 수 있도록! 하나님과 함께 꿈꾸고 그 분과 이야기를 나누며, 그 분의 눈 속에 비친 당신을 찾아내시길 소망하고 축복합니다. 세상의 기준 속에서 혼자 하나님 없는 과도한 자기 긍정의 몽상에 빠지고 혼자 불평불만과 원망과 열등감에 멍들고 찢기지 마시고요.

남들은 어떤 그릇으로 빚어졌고 무슨 프로그램을 따라 살고 있고, 하나님과 무슨 비밀 이야기를 하는지 곁눈질하고 샘내고 시기하지 말고요, 우리 본연의 모습을 찾아가기로 해요.

혼자 못 하시겠다고요? 찾다가 지쳐서 의욕상실이라고요? 그래요. 우리만의 힘과 노력으론 불가능하죠. 그래서 가장 인간적인 고백과 탄원의 기도가 많이 등장하는 성경 시편에서, 끊임없이 등장하는 결단의 글귀가 있답니다. 당신도, 저도, 그 결단에 기대어 승리의 길을 함께 걸어갈 수 있기를 간절히 기도합니다.

내가 여호와를 의지하리로다!

우리, 하나님 뜻에 꼭 맞는 아름답고 깨끗한 그릇이 되어 기뻐하며 만나요!

나이 듦이
슬프고 두려운
당신께
—

우리가 하나님이 아니라는
지혜를 깨달으며,
소망의 다른 차원을 열면서……

사람의 생명이 길지 않았던 지난날, 흰머리가 생기도록 오래 산다는 것은 모든 이들이 큰 복으로 여기는 일이었습니다. 태어나자마자 숨을 거두는 생명들이 많아 백일을 넘겨 살면 축하를 해 주었고, 태어난 지 한 해가 지나 첫 번째 생일이 돌아오면 돌잔치를 열었으며, 60년을 살면 환갑잔치를 열어 온 가족과 이웃들이 함께 기뻐하고 존경했습니다. 이렇게 나이 든 삶을 누리는 일은 분명 하늘의 복으로 여겨졌었는데, 과학과 기술의 발달로 인해 사람의 수명이 크게 연장된 요즈음에 와서는 나이 들어가는 것을 바라보고 생각하는 관점이 참 많이 달라진 것 같네요.

'노인 파산'이라는 슬픈 사태가 심상치 않게 들려옵니다. 노후 대책을 충분히 갖추어 두었음에도 불구하고 은퇴한 후 노인으로 보내는 기간이 워낙 길다 보니 대비하고 준비했던 것보다 필요한 비용이 많이 들어서 늘그막에 가난에 쪼들리게 된다는 가슴 아픈 이야기지요. 준비를 했는데도 이런다는데, 막상 여러가지 현실적 필요에 대응하기 바빠 노후 준비를 전혀 못한 채 나이만 들었다면 이 난감한 일을 어찌하겠습니까. 가진 것이 없고 의지할 데도 없는데 계속 살아가야만 하다니⋯⋯ 게다가 질병으로 고통받고 주변의 지인들이 하나둘 사라져가는 상황을 견디며 사는 것이 오래 사는 일이라면, 그 장수는 더 이상 복이 아니라 두려움과 걱정, 재난으로 느껴질 것입니다.

실제로 나이 들어간다는 것은 젊어서 누리던 많은 것들과 헤어져야 함을 의미합니다. 젊어서는 건강하고 팔팔했는데 점점 건강 상태가 예전 같지 않습니다. 여기저기 계속 아프고 한 번 아프기 시작하면 회복도 안 되고 병원비와 약값은 날로 늘어갑니다. 한때는 괜찮은 외모와 남부럽지 않은 몸매를 자랑하던 시절도 있었건만, 이제는 아무리 꾸미고 감추고 애써 봐도 예전 같지 않아 한숨이 절로 나옵니다. 돋보기가 없으면 글을 읽을 수가 없고, 귀가 어두워져 사람들이 하는 말이 잘 들리지 않으며 들어도 이해되지 않는 부분들이 많아집니다. 이도 잇몸도 망가져 먹는 일이 고통입니다. 한때는 밤 체질, 야행성 인간이라 불릴 만큼 밤샘도 잘 하고 아침에 일어날 때면 조금만 더 자고 싶다 몸부림을 치던 나였는데, 이제는 저녁 밥상만 치우고 나면 꾸벅꾸벅 잠이 쏟아지고 새벽시간 가족들 다 곤히 자는 시간에 잠이 깨어 다시 잠들지 못하는 나날들이 늘어갑니다. 나름대로 인격적으로 살아왔고 성품 좋다는 칭찬 듣던 나였건만, 요즘은 왜 이렇게 감정과 기분 다스리기가 어려운지요. 별거 아닌 일에 노엽고 서운하고 화가 치밀고, 늙었다고 무시하는 젊은 것들을 향해 내가 맞다고 너희가 알긴 뭘 아냐고 고집부리고 싶어집니다. 한때는 그런 고집불통 어르신들을 보며 나는 저렇게 나이 들지 말아야지 했었는데 말입니다. 두려워지는 게 많습니다. 배우자와 친구들이 먼저 떠나갈까 겁이 나고, 혹시 치매나 마비 등 감당하기 힘든 노환이 찾아와 나도 괴롭고 남들도 힘든 그런 현실이 닥칠까 불안합니다. 총총했던 기억력과 판단력과 이해력은 어디로 증발했을까요? 조금 전 일도 내가 한 말도 기억이 흐릿하고, 아무리 친절한 설명을 몇 번 고쳐 들어도 뇌가 정보를 흡수해 주지를 않습니다. 잘하던 일들, 늘 다니던 길도 갑자기 낯설어지면서 내가 왜 이럴까 슬퍼집니다. 의사들과 가족들은 운동하고 취미활동도 하라는데, 사실 그럴 기력도 의욕도 없네요. 나도 내가 좋지 않은 방향으로 변해가고 있는 것을 알겠는데 막을 방도를 모르겠고 자꾸 눈물과 한숨만 납니다. 옛날 일들만 계속 떠오르는데, 함께 추억을 나눌 이들은 점점 곁을 떠나갑니다. 이렇게 추하게 나이 들어 오래 산다는 것이 대체 무슨 행복이고 무슨 의미가 있을까, 내가 제대로 살아온 게 맞나, 회한이 때때로 나를 덮칩니다. "늙으면 죽어야지 이 꼴 저 꼴 안 보고……" 속상해서 말해보지만, 죽음을 잘 맞이할 준비가 되어 있냐 하면 그건 또 아닙니다. 다른 사람의 죽음을 보는 것도 괴롭고 내 죽음을 생각하면 막막하고 무섭습니다.

상황이 이런데도 나이 드는 것을 복이라고 명랑 활발하게 감사하며 진실로 기뻐할 수 있을까…… 중년이 되어 몸과 마음의 변화를 느끼고 흰 머리를 뽑으며 염색을 해야 하나 망설일 때부터 이 고민과 두려움은 사람을 사로잡는 듯합니다.

이 편지를 받으시는 당신은 어떠하신가요? 나는 아름답게 우아하게 잘 나이 들어갈 자신이 있다고 대답하실 수 있으세요? 그렇다면 참 멋진 성공한 인생을 사신 겁니다. 축하드립니다.

하지만 이 세대를 살고 있는 우리 대부분은 행복하게 나이 듦을 맞이할 준비가 되어 있지 않은 채로, 속절없이 흘러가는 시간의 거센 물결에 휘말리면서 당혹감에 빠지고 슬퍼하며, 잃어가는 것들에 대한 낙심과 고통에 아파하는 경우가 훨씬 많습니다. 또, 그럴 수밖에 없는 것이 온 사방이 나이 들어가는 존재들로 가득 차 있거든요. 어린 생명들을 보기가 어렵다 보니 서로 나이 들어가면서 미워하고 갈등하고 나도 힘든데 왜 너는 날 더 힘들게 하냐며 맘 상하는 일들이 많아집니다. 젊은 자녀 세대, 기성세대와의 가치관 차이, 정보 차이도, 이 소외와 갈등을 부채질합니다. 도대체 어쩌면 좋을까요? 정말, 나이 들어가는 우리에겐 아무 대책이 없나요?

심각한 이야기만 잔뜩 늘어놓아 죄송합니다. 그러나 이것이 나이 들어가는 일의 현실이라는 것을 우리는 부정하지 않고 받아들여야 한대요. 일단 상황을 제대로 받아들여야 거기서 해결책도 나오는 것이지, 무조건 싫어하고 슬퍼하고 두려워서 피한다고 일이 해결되는 건 아니니까요.

먼저 위로와 또 다른 진실을 말씀드립니다. 나이 들어 기능이 약해지는 것은 질병도 죄도 나만의 고통도 아니랍니다. 살아있는 모든 생명은, 변화를 거치는 일생을 보내니까요. 태어난 날, 젊었던 청춘의 날, 중년의 날을 거쳐 마침내 노년의 때가 온 것일 뿐, 나이 드는 것은 잘못도 억울한 일도 아니라는 것을 진심으로 받아들이실 수 있기를 기도합니다. 나이가 들고 젊었을 때와는 여러가지로 다른 삶의 계절을 맞이하고 살아가기에, 우리는 젊을 때의 혈기와 치기, 교만함과 무모함을 버릴 수 있을 거예요. 내가 뭐든 할 수 있는 하나님이 절대 아니라는 것을 절실히 깨달을 수 있고요, 젊을 땐 바쁘고 할 수 있는 일이 많아서 신경 쓰지 못 했고 관심도 없었던 삶과 죽음의 본질적인 의미, 생명의 진정한 가치가 어디에 있는가 하는 문제에 대해서도 진솔하게 마주할 수 있게 될 것입니다. 이건 우리가 나이 들어가면서 얻게 되는, 젊고 건강하고 능력이 넘칠 땐 결코 얻을 수 없던 소중한 선물이요 자산이 될 거예요. 잃어버린 것들만 생각하며 슬퍼하지 마시고, 한 생명으로서 변화의 마지막 시간에 이르러, 나이 듦을 맞이하지 못한 존재들에게는 결코 허락되지 않았던 좋은 것들을 소유하시는 당신 그리고 제가 되기를 소망합니다.

빠르게 움직이고 변화하는 이 세상의 법칙은, 기력과 생산성이 떨어진 나이 든 생명들을 가치 없는 존재인 양 취급하고, 그 영향을 받은 우리는 때때로 내 모든 존재의 의미를 부정당한 것처럼 우울해지기도 하는데, 소중한 당신, 절대 그렇지 않아요. 그건, 세상, 그것도 지금 이 시대의 가치관이고 기준일 뿐, 나이 들어가는 것이 당신과 저의 존재의 가치를 떨어뜨리거나 우리 생명의 의미가 덧없어지는 일은 결코 아니라는 사실을 잊지 마시고 기억하시기 바랍니다.

무엇보다, 당신과 저를 지으신 창조주 하나님의 사랑과 함께하심은 우리가 어떤 자리, 어떤 형편에 있든지 영원하다고 성경말씀이 약속하고 있어요.

하나님은 나이 든 자를 여전히 사랑하시며, 살아온 삶의 자국들을 귀히 여겨주시며, 그 분의 백성들에게 나이 든 어르신들을 공경할 것을 당부하셨습니다.

성경말씀이 주는 위로를 함께 찾아볼까요?

거룩한 하나님의 거룩한 백성이 지켜나가야 할 규례와 도리를 핵심적으로 밝히고 있는 레위기 19장에서는 나이 든 이들에 대해 이렇게 기록하고 있네요. "너는 센(희게 변한) 머리 앞에서 일어서고 노인의 얼굴을 공경하며 네 하나님을 경외하라(레 19:32)"고요. 하나님을 경외하고 섬기는 일과 나이 드신 어르신들을 공경하여 모시는 일이 함께 가고 있음을 강조하는 말씀입니다.

지금의 노인 경시 풍조와 극명하게 대립되는 말씀도 성경에 있어요.

"늙은 자에게는 지혜가 있고 장수하는 자에게는 명철이 있느니라(욥 12:12)."

세상에서 지금 당장 유용하게 요구하는 효율적 능력은 상실하더라도, 나이 듦에는 그에 따르는 특별하고 고유한 지혜와 연륜이 자산으로 쌓여감을 분명히 하는 구절이라 하겠습니다.

나이 들어가면서 하나님을 의지하면서 올려드리는 이런 고백도 있습니다.

"우리에게 우리 날 계수함을 가르치사 지혜로운 마음을 얻게 하소서(시 90:12)."

이스라엘 민족의 위대한 지도자 모세의 기도 중 한 구절인데요, 하나님 안에서 노화를 받아들이고 지혜를 구하는 성숙한 기도지요. 나이가 든다고 그냥 지혜로워지고 그냥 인격이 형성되는 것이 아니라, 오히려 변화 속에서 처절하게 망가져갈 수도 있기에, 세월이 흐르고 힘이 없어질수록 더욱 하나님을 의지하고 은혜를 구하는 성숙함으로 나아가는 것이 정답임을 우리에게 일깨워주고 있다 하겠습니다.

나이가 들어 겉사람은 낡아져도 속사람은 점점 강건해지고 새로워지는 은혜와 복(고후 5:16)을 당신께서 충만히 누리시기를 축복하며 기도합니다.

이 복을 누리시기 위해, 하나님과 함께 가는 영생을 바라보고 기대하면서 생애 마지막을 소망으로 준비하는 자세가 필요하대요.

예수님은 우리가 나이 들어 주변에 소중한 이들이 거의 남지 않고, 그나마 이 세상에서의 생명이 다해 아무도 함께 가 줄 수 없는 문을 지나 들어가야 할 그 때까지도, 세상 끝날 까지 우리와 함께 있을 거라고 약속해 주셨어요.(마 28:20). 우리의 외로운 손을 영원히 잡아주시기 위해 이 세상에 오신 분이니까요. 죽음의 문을 향해 가는 당신과 제가 오직 믿을 수 있는 분, 비빌 언덕은 예수님 한 분 뿐임을, 나이 들수록 더욱 확고히 붙잡으시기를 바라요.

굳이 죽음까지 생각하지 않더라도, 나이 들어 경제적으로, 사회적으로, 건강의 측면으로, 감정적으로 약해지고 혼란을 겪다 보면, 우리는 우울해지고 자신감을 잃게 되기 쉬워요. 답이 안 나오는 초라함과 비참함과 외로움이 나를 덮칠 때, 나는 과연 어디에선가 누군가에게 사랑받을 수 있을까? 우리는 자신이 없고 불안합니다. 나 자신도 인간적으로 나를 긍정하고 좋아하기 어렵게 되었는데, 때로는 함께 평생을 보낸 배우자도, 내 피와 살을 물려받고 내가 평생을 헌신하여 키운 자식들도 나를 꺼리는데, 과연 그래줄 곳이 있을까? 하나님의 은혜만이, 나이 들어가는 일이 두려운 당신과 저에게 유일하고 확실한 답이 됩니다. 영원을, 죽음 이후를 넘어서는 극진한 사랑을 약속해 주셨으니까요. 우리가 죄인이었을 때도 사랑하셨는데, 힘없고 지쳐 주님 품에 달려오는 그 분의 자녀를 그 분이 외면하시겠어요? 사느라 고생하고 수고했다고 불쌍히 여기시며 그 품에 끌어안아 위로해 주실 거예요.

그러니 나이 들어 잃어가는 것이 많아 분노와 절망과 슬픔이 우리를 사로잡으려 할 때, 우리, 그 두려움과 아픔으로 인해, 주님을 원망하고 미워하는 어리석음을 범하지 말기로 해요. 그 감정을, 그 변화를 뛰어넘어, 우리 주님을 더욱 가까이 만나러 가기로 해요.

이 일을 더 잘해 내기 위해, 너무 많이 기력이 쇠하기 전에 우리 함께 준비해요. 나는 스물여섯 살 이후로는 점점 나이 들어가고 있는 유한한 존재라는 것을 기억하는 겸손을 빚어가요. 유한한 생명인 내가 아무리 몸부림쳐도 결국엔 한계가 있음을 일찍 받아들이고 아직 지혜와 기력이 남아 있을 때부터 주님을 깊이 의지하고 따르는 순종을 훈련해요. 모세가 기도한 것처럼, 아름답고 복된 지혜로운 노인이 되어 살아가게 해 주시도록, 인격을 깎아가며 선한 습관을 쌓고 하나님과 친밀해지는 노후 대책 기도 마일리지를 준비해요. 물질은 늘 부족한 우리이지만, 기도 저축과 기도 마일리지는 돈이 없어도 무한 축적 가능하고 소멸하지도 않는답니다. 이거야말로 가장 확실하고 탁월한 거룩한 투자, 최선의 노후 대책 아닐까요. 최고의 사후 대책이기도 하고요.

늙어가는, 예전 같지 않은 나 자신을 발견할 때마다, 우리, 마음에 말을 걸어요. "내가 누구인가 하는 정체성은, 겉으로 드러나 보이는 건강, 소유, 명예, 인기, 인간관계 등에 의해 좌우되는 것이 아니야. 기억해! 내 존재는 내가 어떤 모습이든 변하지 않는 하나님의 사랑 안에 있어!"라고요.

그럴 리 없다고 어둠의 목소리가 비웃거든, 같이 비웃어 주세요. "이놈아, 넌 내세울 게 그런 것밖에 없으니 그걸로 날 유혹하고 시험하고 낙심하게 하려 한다만, 난 네 수를 다 읽었어. 네 길로 가! 와 봤자 너랑 안 놀아. 난 주님의 영원한 생명과 사랑 안에서 놀 거야."

때론 울면서, 반쯤은 믿고 반쯤은 의심하면서, 억지로 이렇게 말해야 하는 순간들이 올지도 몰라요. 내 앞의 상황은 막막하기 짝이 없고 하나님은 침묵으로 일관하시는 것처럼 느껴질 때면, 이 고백과 선언이 스스로 어처구니없게 느껴질 때가 있을 거예요.

그래도 이렇게 말씀하세요. 하나님은 우리에게 말하는 능력을 선물로 주실 때, 그 말이 주님 안에서 이루어지는 은혜도 함께 주셨다고요. 당장은 아니라도, 지금은 답이 없어 보일지라도, 이 선언대로 응답받을 당신을 축복하고 응원합니다. 저도, 당신을 위해, 늘 이렇게 말씀 올려 드릴게요. 혼자가 아님을 잊지 말아 주세요!

안팎의 두려움과 낯섦을 마주보면서, 과거의 당신과 현재의 당신이 한 존재임을 이해하고 용납하며, 하나님 안에서 자신과 화해하여 믿음과 소망의 자아 통합을 향해 나아가실 수 있기를 빕니다. 자아 통합은 내 인생 성공적으로 살았다고 자랑하고 뿌듯해하는 일이 아니랍니다. 나이 듦에 대해 분노하고 서러워하는 어두운 상태에서 벗어나고, 살면서 시간 속에 아프게 새겨져 흉터로 남은 쓰라린 경험과 기억을 용서하고 용서받으며, 잘 가라고 이제 됐다고 풀어주고 놓아 보내는 작업이래요. 엉킨 실타래를 하나하나 풀어가 곱게 정돈하는 거지요. 이제껏 해결되지 않은 채 남아 있는 문제들, 인생의 길에서 이루기를 소망하고 힘껏 노력했으나 성취되지 않고 좌절된 슬픈 바람들, 풀리지 않은 채 응어리져 있는 분노를 치유해가는 아주 심도 깊은 작업이기도 하고요. 천천히 조금씩, 한 번 실패했다고 포기하지 말고 꾸준히 시도하여, 아름다운 나이 듦을 위한 이 위대하고 멋진 작업에 꼭 성공하시기를…… 그리하여 진짜 성공한 인생을 살아가시길 기도하고 기대합니다.

나이 들어가는 당신과 저에게 주시는 하나님의 위로의 말씀을
전하며 이 편지를 맺으려 합니다.

"태에서 태어남으로부터 내게 안겼고 태에서 남으로부터 내게
업힌 너희여, 너희가 노년에 이르기까지 내가 그리하겠고 백발이
되기까지 내가 너희를 품을 것이요 내가 품고 구하여 내리라(사
46:3-4)."

이 약속을 품고 건강과 평안 속에 나이 들어가실 당신을 사랑하
고 응원합니다.

나이 드신
어르신들을 모시는
가까운 존재인
당신께

어르신들이 차라리 당신과 별 상관 없는 타인이라면, 봉사와 섬김을 제공하기로 내가 단단히 결심하고 책임으로 만나고 모시는 관계라면, 어르신들을 받들고 돌보아드리는 일은 어쩌면 보다 쉬울 수도 있겠지요. 그러나 그 어르신이 나의 가까운 가족 친지, 특히 부모님인 경우라면, 그분들을 모시고 돌보고 사랑하며 배려하는 데 있어, 어려움과 고통과 좌절을 느끼는 것이 당연합니다. 당신, 홀로 죄책감에 시달리지 마세요. 나이 드신 부모님을 모시고 돌보는 당신은 불효자녀가 아닙니다. 위로를 전합니다.

다만 우리도 너무 연약하고 바쁘고 부족한 것이 많은 유한한 인간 존재인지라, 더구나 부모님과 함께 서서히 나이 들어가고 있는 처지이기에, 변해가시는 부모님의 모습이 힘들고 곤혹스러운 거지요. 젊으셨을 땐 안 그러시던 분들이, 자주 화를 내시고, 예전엔 아무렇지도 않게 웃어넘기셨을 일에 눈물을 흘리며 서러워하시고, 상황에 맞지 않는 말씀과 행동으로 억지를 부리시며, 특히 노환으로 운신을 못하실 때, 자녀들은 분노와 수치심과 혼란에 빠집니다. 특히, 젊으셨던 시절에, 깔끔하고 점잖으시며 다정다감하셔서 참 멋지게 나이 들어가실 거라 믿어 의심치 않았던 부모님이, 인간적으로 보면 너무 주책맞고 고집불통에 초라한 모습으로 변해가시는 걸 바라보는 자녀는, 안타깝고 속상하고, 기대와 애정이 컸던 만큼 배신감조차 느낄 수 있답니다.

당신이 나쁜 것이 아닙니다. 사람 사는 상황이 이런 것일 뿐이지요.

그래서 당신과 저는, 부모님께서 아직 정정하실 때부터 부모님의 노후가 평안하고 정결하며 아름답게 믿음과 자아 통합을 이루어 가시길 기도로 준비해야 할 거예요.

이미 너무 늦은 것 같다고요? 이러다 당신이 미치거나 부모님을 미워하게 될 것 같다고요? 아니, 이미 되돌릴 수 없게 되었다고요?

절망하지 마세요. 이 글을 당신께 쓰고 있는 저도 몸부림치며 비슷한 과정을 겪어가고 있답니다. 당신은 혼자가 아니고, 여느 자녀들처럼 부모님을 아예 포기하지 않았다는 점에서 이미 충분히 사랑스럽고 칭찬받을 만한 사람이예요.

감당할 수 있는 힘과 지혜와 사랑의 능력을, 우리 함께 하나님께 구해요. 부모님을 이해할 수 있는 동료 그룹을 만들어 너무 힘들 때 서로 위로하고 지지해 주는 자원을 만들어 가세요. 무엇보다, 부모님은, 혹은 조부모님은 이제 더 이상 예전의 그 분들이 아니지만, 여전히 우리는 하나님의 긍휼히 여기심과 사랑 가운데 있고, 그 분들을 통해 당신과 저도 인격과 인내, 성숙의 훈련을 지나가고 있는 중임을 기억하기로 해요. 이건 내 짐이 아닌데 왜 내가 이렇게 고통스러워야 하고 이렇게 환멸을 느껴야 하나 하고 눈물이 터져 나올 땐 실컷 울어버리세요. (그래도 가능한 한, 부모님 앞에서는 그러지 마시고요!) 그리고 나도 나이 들어가니까 너그러운 마음과 감당할 능력을, 그리고 곱게 나이 들어가는 은혜를 달라고, 우리, 서로를 위해 간절하게 중보기도해요.

당신이 흘린 땀과 눈물, 주님 앞에 부모님 앞에 그래도 잘 해 보고자 최선을 넘어 몸부림친 그 시간들은, 결코 허무하게 끝나지 않아요. 하나님께서 기억하실 테니까요. 문제를 이기고 소망의 문 앞에 서는 당신과 저이기를 축복하고 응원하며, 위로와 격려를 보냅니다.

선택이 어려운
당신께

－

고생 절대 안 하는
꽃길이란 건 세상에 없음을……

음식이나 음료를 다함께 고르다 보면 1초 내에 결정을 내리는 이가 있고 고민하고 또 고민하다 결국엔 다른 누군가의 조언을 듣고 듣다가 겨우 결정하고서 또 곧장 후회하는 이가 있습니다. 선택을 너무 어려워하는 이들을 이 급박한 세상 풍조는 엄청나게 타박하고 몰아붙이면서 '결정장애'라는 병까지 떡 하니 얹어주지요. 신중하게 잘 결정하느라 곰곰이 따져보느라 그러는 건데 너무하다 억울하다는 생각도 들 만합니다.

선택을 어려워하는 당신께 짧은 쪽지 글을 띄워요.

선택이 힘든 이유는 신중해서일 수도 있지만, 아무것도 포기하고 싶지 않거나, 고생이나 후회는 전혀 하고 싶지 않다는 마음이 크게 작용하는 경우가 많대요.

특히 하나님을 믿는 사람의 경우에는, 하나님의 음성을 듣고 무언가를 결정하면 고생은 절대 안 하고 승승장구 일이 잘 풀리고 만사형통할 거라고 생각하는 경우가 많다 하죠. 하나님의 음성을 들어야 최고의 선택을 할 수 있는데, 음성을 안 들려주신다거나 본인이 알아듣지 못하는 듯 하다고 하소연하는 경우를 종종 보게 됩니다.

그런데요. 결론만 말씀드리면, 아주 특별하게 예외적인 경우를 제외하고는요, 하나님은, 선하고 바른 결정이 어떤 종류인지 성경 말씀을 통해 이미 알려주셨어요. 하나님과 이웃을 사랑하고 섬기는 마음으로, 정직하게 행하는 일은 일단 하나님 보시기에 예쁜 선택이에요. 그리고 그 선한 일들 사이에서 고를 수 있는 자유는 각 사람의 뜻에 맡겨 주셨어요. 다만 그 선택에 따르는 책임도 함께 받아들이는 것으로요. 주님의 음성을 듣고 결정한 일, 주님께서 맡기신 소명의 길이라고 해서, 완전히 안전 보장된 꽃길인 것은 절대로 아니고요. 예수님도, 성경의 대부분 신앙인들도, 다 믿음 최고일 때조차 일정 부분은 힘들고 어려운 길 걸어간 거, 아시죠? 아직 문제 많은 이 복잡한 세상에서 그저 곧게 뻗어나가고 아름답기만 한 탄탄대로는 존재하지 않는답니다. 다만, 하나님께서 기뻐하시는 길을 걸을 때 주님께서 동행하시고 감당할 힘을 주시는 거지요. 시편 23편의 말씀 "사망의 음침한 골짜기를 다닐지라도(시 23:4)"가 괜히 성경에 기록되어 있는 게 아니고, 사람들에게 특별히 사랑받는 구절이 된 게 다 그만한 이유가 있는 거거든요.

물론 하나님께서 꼭 어떤 특정한 선택을 하거나 하지 말도록 강권하시는 경우도 있어요. 사도 바울이 전도여행을 계획할 때 하나님께서 성령의 역사와 환상을 통해 당초 그가 가려 했던 지역이 아닌 다른 곳으로 가게 하신 일(행 16:6-10)이 대표적이죠. 꼭 전도해야 할 누군가가 있거나, 꼭 기도해야 할 일이 있을 때, 주로 하나님은 강권적으로 음성을 들려주시거나 결정을 이렇게 저렇게 하라 하실 때가 있습니다.

하지만, 대개의 경우, 두 가지 선택이 다 아름답고 선한 일이라면, 선택권은 당신께 넘어왔다고 생각하시면 돼요. 하나님께 "고생 안 할 길을 알려 주세요." 해 봤자 하나님께서 "예수 그리스도 외에 다른 길은 없나니…… 이 세상 사는 동안 고생 안 하는 길이 어디 있니?" 그러실 걸요? 제가 경험한 일이기도 합니다.

그러니, 늘 선택이 어려운 당신, 당신께서 왜 선택을 어려워하시는지 한 번 곰곰이 돌아봐주세요. 딱 하나만 가지고 다른 것을 놓아야 한다는 일이 아쉬우신 건지, 조금이라도 고생 안 하는 평탄한 길로 가고 싶고 후회는 안 하고 싶다는 마음 때문에 결정의 책임을 외면하고 싶은 건지 말입니다. 그리고 나서, 당신의 선택지에서, 하나님 보시기에 불량한 것은 먼저 싹 빼 버리시고, 선한 것들 중에서 좀 더 마음이 움직이는 쪽으로 용감하게 결정하세요. 물론 많이 기도하고 정보를 수집해서, 정말 내가 행복하게 선택해야죠. 그럼에도 불구하고 그 선택에 아픔이나 혼선이 생긴다면, 그때는 후회 없이 책임지며, 하나님께서 길을 만들어 인도해주시기를 부탁하면서 걸어가야 해요.

분량이 넘치는 욕심은 무거우니까 내려두고, 어떤 길이든 어려움은 있는 거다 마음을 굳게 먹고서, 하나님의 진리 안에서 책임지는 용감한 삶을 살아가시길 응원합니다.

요즘 세상의 진리 기준이 애매모호해져서, 뭐가 하나님 안에서의 바른 진리이고 옳은 일인지도 잘 모르시겠다고요? 세상의 기준이 아닌, 시대에 따라 달라지는 생각이 아닌, 하나님 사랑과 이웃 사랑, 하나님을 하나님 되시게 하고 세상에서 선한 청지기로 나의 유익과 나의 이기심을 조금 더 덜어내는 일을 실천하는 것…… 성경의 빛이 가리키고 비추는 자리가 그 곳 아닐까요? 참 진리를 행하고자 그 편에 서고자 고민하며 기도하시는 당신께, 하나님께서 지혜를 주시기를 저도 기도할게요.

당신의 모든 선택이 하나님 마음에 들고 당신의 삶 또한 아름답게 가꾸어져가기를 소원합니다.

잊지 마세요. 당신이 혹여 잘못된 선택을 했더라도, 하나님은 능히 그 실책을 더 좋은 것으로 변화시킬 수 있는 분이라는 거요. 그것만 기억하면 돼요. 건투를 빌게요.

9구박하지 않을아요

그 9박, 딱 셋으로 잘라서

3 사남박하게 사날아요

세상의 모든
부모님들께
-

자식들은 몰라줘도
하나님만은 알아주실
수고와 눈물과 땀을 기리며······

부모가 되어 보지 않고서 부모의 마음과 역할에 대해 말한다는 것은 늘 저를 부끄럽게 합니다. 하지만 저의 부모님을 포함해서 세상의 모든 부모님께 감사와 위로의 말씀을 드리며 또 한편으로 자식의 한 사람으로 부탁드리고 싶은 일들을 띄워 보냅니다. 모자라고 부족한 자녀가 보내는 서툴지만 간절한 마음이라 생각하시고 보아 주세요.

성경 역대상 4장의 긴 족보 속에서 우리는 특별히 좀 길게 소개되는 인물을 하나 만날 수 있습니다. 하나님 앞에 응답된 복의 기도문으로 잘 알려져 있는 사람, 야베스입니다. 많은 그리스도인들이 야베스를 하나님께 기도하여 복을 받은 귀중한 인물로 기억합니다만, 저는 그 기도문 전에 등장하는 이야기가 더 마음에 와 닿아요. "그의 어머니가 이름하여 이르시되 야베스라 하였으니 이는 내가 수고로이 낳았다 함이었더라(대상 4:9下)." 하는 기록입니다. 여인이 한 생명을 이 세상에 내보내는 임신과 출산의 과정, 즉 한 아이의 어머니가 되는 사건은 하와가 죄로 인해 받은 벌(창 3:16上)로 여겨질 만큼 그 자체로 위험하고 힘겨운 고통이지요. 세상 그 어떤 통증

과도 비교할 수 없는 아픔이라 하는데도 어머니들은 이 힘겨움을 견디며 자녀들을 잉태하고 낳으시며 큰 수고라고 말씀하시지 않습니다. 그런데 야베스의 경우에는 그가 태어날 때에 어머니의 산고가 지독하게 심했던 모양이에요. 오죽하면 어머니가 그 아이는 정말 수고롭게 낳았다고 이름에 새겨 넣으셨겠어요. 어머니와 아이의 생명이 위태로웠던 난산이 아니었을까 추측해 봅니다.

그런데 잘 생각해 보면요, 이 세상의 자식들 중에, 그 부모님께 야베스 아닌 자녀가 과연 누가 있을까요? '자녀는 일생에 꼭 한 번은 부모 속을 썩인다'는 쓰디쓴 경구에 많은 어르신들께서 동의하실 정도로, 자녀는 부모님께 생명보다 소중한 존재인 동시에, 부모님을 가장 애먹이는 존재인 듯합니다. 어려선 건강히 잘 자라는지가 부모님의 걱정이고, 자라서는 그에 더하여, 학업, 부모님과의 의견 충돌, 사회생활, 직업, 배우자, 육아 문제 등등으로 점점 부모님을 애타게 하는 영역이 커져가지요. 그 모든 시간 속에 부모님의 걱정과 수고, 땀과 피와 눈물이 녹아있음을 알기에, 그저 죄송하고 감사할 따름입니다.

무탈하게 제 몫을 해내는 자녀도 자신의 의지와 상관없이 부모님 속을 태울 때가 있는데, 어딘가 연약하고 세상살이를 힘들어하는 자녀를 바라보시는 부모님의 심정은 또 얼마나 아프실런지요? 자녀에게 큰 사랑과 기대를 쏟았는데 자녀가 부모님의 생각과 다르게 자라나 실망하시고 안타까워하시는 부모님들, 또 본의 아니게 자녀와 상처를 주고받으며 서로 멀어져 속상하신 부모님들, 세상의 야베스들을 품으신 모든 부모님들께 고개 숙여 위로와 감사와 격려를 전합니다.

자녀가 부모님을 공경하지 않고 반항하고 무시하며 푸대접한다고, 인생을 헛살았다 노여워하지 마세요. 하나님께서 이스라엘 백성에게 십계명을 주실 때, 앞에 있는 4개의 계명은 하나님을 어떻게 섬기고 사랑할 것인가에 대해 알려주시고, 나머지 6개는 인간관계를 어떻게 쌓아갈 것인가에 대해 명령을 주셨는데, 인간관계 중 처음 주신 계명이 부모님을 공경하라는 것이었어요. 심지어 이 계명에는 오래 살고 만사가 형통하리라는 현실적인 복까지 같이 약속되어 있었답니다. 그렇게까지 하셨다는 것은? 머나먼 옛날부터 자식은 부모님을 슬프게 하고 효도를 잘 못 하는 존재인 경우가 아주 많았다는 뜻이죠. 대다수 자녀들이 부모님께 잘했다면 그런 계명이 굳이 왜 필요했겠어요. 알아서 잘 하는데…… 효자를 널리 표창하고 효자비를 세운 우리 과거의 풍속 역시, 예와 의를 강조하던 시대에도 자식들은 부모님께 온전히 그 사랑을 돌려드리지 못했었음을 보여준다 생각됩니다. 오죽하면 내리사랑이라는 표현이 다 있겠어요?

왜 우리 아이는 이토록 내 속을 썩이고 내게 함부로 대하나 괴로워하지 마시고, 내가 못 해 준 것이 많아 그렇다는 죄책감에도 너무 시달리지 마시고, 수고하여 최선을 다해 키우신 후에 그 결과를 하나님 손에 그리고 시간 속에 맡기시는 용기를 가지실 수 있기를 기도합니다.

'자식 겉 낳지 속 낳지 않는다'는 말이 있습니다. 같은 부모님 밑에서 태어나 함께 자랐는데도, 자녀는 저마다 개성이 다르고, 부모님이라 해서 자녀의 모든 것을 다 알거나 일생을 전부 책임질 수 없다는 의미겠지요.

성경 최초의 형제였던 가인과 아벨이 서로 다른 길을 가고 아담과 하와의 가슴에 대못을 박은 이래로, 자녀의 이해할 수 없는 부분들은 부모님의 아픔과 평생의 기도제목이 되어왔습니다. 에서와 야곱은 각각 다른 기질로 부모님 각각의 편애 속에 갈등했고, 누가복음에 등장하는 예수님의 비유 속의 두 탕자 아들들은 각각의 다른 문제로 그들의 아버지를 속 터지게 했지요. 예수님의 제자들 중에도 형제 사이인 이들이 있는데, 친형제간인데도 살아간 길이나 기질이 참 다릅니다. 예수님의 좌우편에 앉기를 바랐던 야고보와 요한 형제, 야고보 사도는 예수님의 제자들 중 배신한 가룟유다를 제외하고 최초로 순교하는 삶을 짧고 굵게 살다 주님 곁으로 일찍 갔고, 반면 막내 사도였던 요한은 제자들 중 가장 오래 살아서 사명을 다했어요. 시몬 베드로와 안드레 형제는 전도 방식이 현저히 달랐습니다. 베드로가 수 천 명의 영혼을 큰 쌍끌이 그물로 건져 올리는 대형 어부였다면, 안드레는 형제 베드로를 비롯해서 한 사람 한 사람 장차 큰 어부가 될 월척을 일대일로 예수님께 데려오는 프로 낚시꾼의 면모를 지니고 있었죠.

자녀들이 부모님의 인생을 대신 살아 못 다 이룬 꿈을 이루어주거나 보상하는 존재가 아니라 하나님의 뜻을 따라 하나님의 일을 하는 그 분의 작품임을 인정하시고 이해해 주세요. 그 방식이 부모님의 생각과는 전혀 다른 엉뚱하고 어이없는 방식과 방향이라 할지라도 그 자녀를 빚으신 주님을 믿고 맡겨주세요.

부모님이 낳으시고 애써 키우셨으나, 자녀는 부모님의 소유도 아니고 부모님의 뜻에 맞추어 능력을 조정할 수 있는 맞춤 기계도 될 수 없습니다. 하나님께서 그에게 주신 시간과 의미를 그 자신의 색깔과 모양으로 살아갈 거예요. 부모님 생각과 맞지 않더라도, 부디 기도해 주시고 지지해 주시고 기다려 주시며 수용해 주시길 부탁드립니다. 분명히 하나님의 손 안에서, 부모님의 생각보다 더 놀랍고 아름다운 꽃을 피우고 열매를 맺게 될 거예요. 부모님의 기도는 세상 그 어떤 응원보다 강력하니까요.

한편, 부모님을 공경하라는 말씀과 함께 자녀를 노엽게 하지 말라(엡 6:4)는 말씀도 있다는 것을 꼭 기억해 주세요. 자녀들은 부모님을 바라보며 세상의 가치관을 세우고 하나님과 사람을 이해해갑니다. 부디 자녀들이 부모님은 믿을 수 없고 거짓과 욕심으로 가득 차 있다는 실망감과 분노에 빠지지 않도록, 완벽하지는 못하더라도 노력하는 부모님의 모습을 보여주세요. 말로 하는 가르침은 그저 흘러가 버릴 수 있지만, 행동으로 보인 가르침은 거울처럼 자녀에게로 이어지니까요.

모든 것을 잘하지 않아도 네 존재 자체를 사랑하고 있다고, 잘못하셨을 때는 정말 미안하다고, 솔직하고 부드럽게 이야기해 주세요. 잘했으면 칭찬해 주시고, 잘못했을 땐 그게 아니라고 타일러 주세요. 내가 어떻게 행동하고 어떻게 평가받느냐에 따라 부모님의 대우가 달라진다는 서글픈 생각을 갖지 않게 해 주세요. 부모님들께서 자식이었을 때에, 윗대의 부모님들께로부터 받았던 상처가 모르는 새에 다시 자녀들에게로 흘러가지 않도록 기도와 지혜로 끊어 주세요. 자녀가 부모님의 기대를 전부 다 충족시킬 수 없는, 역시 연약한 인생이라는 것을 이해해 주세요.

철없는 자녀가 부모님은 항상 날 지지해주시고 내 편이시며 날 내 모습 이대로 사랑하고 계시다는 것을 믿고 알 수 있도록…… 길 잃은 자녀가 부모님께서 늘 밝히시는 애정의 불빛을 보고 길을 제대로 찾아올 수 있도록…… 부모님의 사랑을 충분히 받아 사랑이 어떠한 줄을 알기에 하나님의 사랑을 믿을 수 있도록…….

수고로이 자녀들을 위해 헌신하시는 세상의 모든 부모님들을 존경하고 하나님의 함께하심을 기도합니다. 자녀를 통해 부모님들께서도 하나님의 사랑을 깊이 깨달으시고 당신의 부모님들과의 아팠던 일들을 녹여 가시는 은혜가 임하기를 간구하며 소망합니다. 하나님의 위로하심과 불쌍히 여기시는 사랑의 역사가 충만하시기를, 그래서 부모 됨의 의미와 행복을 발견해 가시는 복된 인생을 누리시기를 축복합니다. 언젠가 하나님 앞에 서는 날, "내가 맡긴 보석 원석을 맡아 지키고 갈고 닦느라 정말 애썼다. 너는 너의 가장 어렵고 귀한 사명을 잘 감당하였다"고 칭찬 들으시길 기도합니다.

자녀로 사는 삶이
버거운
당신께
―

약속된 복을 기대하고 바라보며,
이 순간도 다시……

누군가의 아들딸로 태어나 부모님을 사랑하고 의지하게 되는 일은 인간의 원초적 본능 중에서도 가장 강렬한 것이겠지요. 세상의 그 어떤 생물보다 보호자의 돌봄의 기간이 오래 많이 필요한 존재가 바로 사람이니까요.

어렵다고, 부담스럽다고, 잘 맞지 않는다고 해서, 마음대로 끊어지지 않는 것이 또한 혈연으로 맺어진 부모와 자녀 사이이기도 합니다. 부모님께서 아들딸에게 화가 나시면 "너 그따위로 굴면 호적에서 파 버리겠다."고 하신다거나, 자식이 부모님께 반항하면서 "이제 부모님의 자식으로 살기를 거부합니다."라고 외친다 해서, 그 관계가 정말 사라지는 건 아니니까요. 세상 가장 가깝고도 질긴 관계, 부모와 자녀 사이…… 그만큼 다른 관계에서는 찾아볼 수 없는 강력한 애정으로 엮여 있기도 하지만, 또 한편으로는, 선택할 수 없는 관계라는 점에서, 적지 않은 갈등과 문제점들을 품고 있는 세상 가장 까다롭고 힘겨운 관계이기도 하다 생각해요.

부모님 입장에서는, 진자리 마른자리 갈아 누이며 정성을 다해 헌신하며 키운 자녀가 부모님의 뜻을 거스르고 대들고 생각지도 못했던 방향으로 인생을 꾸려 가면, 서운하시기도 하고 안타까우시기도 하고 어쩌다 내가 저런 불효자식을 낳고 미역국을 먹었나 한탄하시게 되시기도 하지요. 사실 그러한 마음들까지 전부 부모님 입장에서는 사랑이고 관심이고 헌신이시기도 하고요. 한량없는 부모님의 은혜, 생명을 주시고 지금의 우리를 있게 하신 사랑엔 아무리 감사해도 모자라는 게 맞습니다.

하지만, 부모님도 연약한 인간 존재, 자녀도 흠 많은 인간 존재이다 보니, 또 그냥 헤어져버릴 수도 없는 끈끈한 사이이다 보니, 부모님을 사랑하고 감사하는 마음속 깊은 본심과는 별개로, 현실 속에서 힘들어하고 괴로워하는 많은 아들딸들이 있는 것이 사실입니다. 자녀들이 자발적으로 부모님을 잘 사랑하고 공경했다면, 아마 효의 문화가 장려되는 일도, 성경에서 십계명을 통해 부모를 공경해야 현실적 복을 누린다는 강력한 명령과 권고가 나오는 일은 없었을 거라 생각해요. 쉽게 안 되니까 장려하고 권장했겠지요.

특히 부모님께 효도하는 것을 인간된 최고이자 기본적인 도리로 여기는 유교권 사회였던 우리나라 현실도 그렇고, 부모님 공경을 명시한 성경을 따르며 사는 책임을 지닌 그리스도인의 삶도 그렇고…… 한국의 자녀들, 게다가 그리스도인 가정에서 자라기까지 한 자녀는, 부모님 공경에 대한 커다란 혼란과 딜레마에 맞닥뜨리게 되는 경우가 허다한 것 같습니다. 착하고 모범적인 사람이라는 소리를 듣는 사람일수록 더욱요.

부모님과 자녀의 성향과 목표와 기대치가 서로 같거나, 서로의 입장을 무조건 존중하고 배려하는 경우라면 큰 문제없겠지만, 삶의 현실이 어디 그리 녹록한가요? 부모님들께서 아들딸 때문에 힘겨우신 만큼, 부모님 때문에 힘겨워하는 자녀들도 많이 있는 것이 사실입니다.

부모님의 기대치에 못 미치는 자녀, 부모님과는 가치관과 기질 자체가 아예 달라서 언제부터인가 마치 서로 다른 언어로 이야기하는 것처럼 대화가 안 되고 갈등만 커져 서로 안 보는 게 나은 사이가 되어버린 자녀, 부모님이 너무 많이 힘들어하고 연약하셔서 부모로서 든든한 버팀목이 되지 못하고 자녀에게 상처와 고통을 안겨주는 탓에 슬픔과 노여움에 빠져 있는 자녀, 연세 들어 병드시고 홀로 생활하시기 어렵게 된 부모님을 어떻게 모셔야 할지 난감하고 버거운 자녀…… 이 글을 읽고 계시는 당신 또한, 이러한 어려움을 겪고 있는 아들딸 중 한 분일지도 모르겠습니다.

저는 어떻냐고요? 당연히 저도 흠 많은 사람인지라, 어릴 때 부모님 애를 많이 태워 평생 그 은혜를 기리며 살아야 할 인생임에도 불구하고, 때때로 부모님께 분노하고 실망하고 다투는 일이 많은 그런 문제적 딸입니다. 제 경우는 일반적이지 않은 상황이 좀 겹쳐져 있기도 하고요.

제가 아주 어린아이였을 때, 막 어른들 말귀를 알아들을락 말락 하던 시절에, 어떤 어르신이 저에게 이렇게 말씀하시더라고요. "너는, 엄마아빠가 내다버렸어도 이상할 게 없는 모자란 앤데, 이렇게 애지중지 곱게 키워주시니, 이다음에 부모님 업고 다녀야 한다! 내가 네 부모였으면, 난 너 같은 거 고아원에 갖다버렸을 거거든! 네 부모가 대단한 거야." 지금까지 그 어르신의 목소리와 말씀이 생생히 기억나는 것으로 볼 때 그 말이 저에게 굉장히 중요한 영향을 미쳤던 것 같아요. "아, 난 아빠엄마한테 굉장히 미안해해야 하는 존재구나! 뭔가 기쁘게 해 드릴 일을 계속 찾아야겠구나." 그렇게 단단히 결심하게 된 것 같고요.

세월이 많이 흘러 제가 박사과정 공부를 하고 있던 시절의 일입니다. 제가 결혼을 하지 않았기 때문에 부모님과 함께 살고 있는 지역이 경상북도 문경인데요, 당시 학교의 첫 수업에 지각하지 않고 도착하기엔 서울행 문경 고속버스 첫차 시간이 너무 늦었습니다. 저는 시력 문제가 있어 운전면허를 딸 엄두도 낼 수 없는 처지고요. 수업이 월요일에 있었기에, 전날 오후 서울에 미리 올라가 서울에 거주하는 친척 댁에서 신세를 지는 방법도 있었지만, 부모님은 그 방안을 아주 싫어하셨고, 결국 부모님께서 이른 수업이 있는 월요일마다 차로 저를 직접 학교까지 바래다주시게 되었습니다. 기왕 온 김에 아예 수업 끝날 때까지 기다렸다가 함께 귀가하는 게 낫다고 하시며 수업 마치는 밤늦게까지 기다려 주셨죠. 물론 부모님 볼 일도 보셨습니다. 이 이야기는 저에 대한 부모님의 헌신적인 사랑과 학바라지 미담으로 꽤 널리 퍼졌어요. 그리고 그 당시, 만나 뵙는 어르신들, 특히 부모님의 지인들마다 "그 어려운 환경에서 공부시켜 주시고 등하굣길까지 책임져 주시는 부모님이 얼마나 감사하냐? 고마운 줄 알고 부모님을 업고 다녀야 한다!"고 제 얼굴 보실 때마다 제 귀에 못이 박히도록 강조 또 강조하시더라고요. 그 건강

상태로 공부하고 사역하느라 얼마나 힘드냐는 격려는 한 번도 들어
보질 못했습니다. 뭐, 기대도 안 했지만요.

물론, 부모님께 감사했습니다. 그런데 사실은요. 제 월요일 등
하굣길을 굳이 챙기며, 월요일은 애 학교 데려다줘야 하기에 다른
모임엔 참석할 수 없다고 지인들에게 말씀하시는 부모님이 마냥 좋
지만은 않았습니다. 다른 등하교 방법도 있고, 부모님도 일이 있어
서 서울 가실 때가 많았는데, 모든 게 '저 때문'이 되어 돌아오는 게
버거웠고요, 결정적으로 저…… 학창 시절 내내 단 한 번도 제 학비
때문에 부모님께 걱정 끼치거나 부담 드린 적 없었거든요. 그래서
솔직히 학바라지로 인한 부모님의 희생과 저의 이기심에 대한 지나
친 말을 듣다 보면 억울한 적이 많았습니다. 그냥 좀 넘어가지 뭘
그걸 그렇게 따지냐고요? 뒤끝 참 길기도 한 불효녀라고요? 네. 맞
는 말씀이에요. 저, 착하지 않은 거, 인정합니다.

그러나 많은 분들이 실제적인 저희 집 상황을 전혀 모르시면서,
부모님을, 모자란 딸 학바라지에 허리가 휘며 죽도록 헌신하는 장
하신 분들로 존경하고 감탄하며 저를 부모님 고생시키는 존재로 보
는 그 시간이, 저는 힘들었습니다. 왜 저는 늘 부모님 등골 빼먹는
불효녀란 이미지를 감당해야 하는지, 어째서 부모님은 늘 저를 위
해 희생하고 헌신하는 멋진 분들로만 칭송받는지…… 제가 착하지
않고 예민하고 까칠한 탓에, 그리고 그 학비 문제로 발생하는 스트
레스 때문에 많이 힘겨웠던 탓에, 부모님에 대해 자발적인 감사의
마음보다는 부담스러움과 불편한 감정이 더 컸지요. 무조건 부모님

편만 드는 어르신들께도 솔직히 감정이 좋지만은 않았습니다. 그때 제가 결심한 게 있습니다. '난 남의 집 사정 잘 알지도 못하면서 한쪽만 일방적으로 칭찬하고 편들지 말아야지! 부모님을 공경해야 하는 거 맞지만, 자녀들의 상처도 존중해 줄 수 있는 유연한 어른이 되어야지.'

우울증에 걸려 학위 논문을 거의 포기하고 그리스도인만 아니면 그냥 이 생을 끝내면 좋겠다는 생각과 아예 그런 생각조차 못 하는 무기력 사이를 헤매며 정신건강의학과 상담을 받고 있던 시절이 제 서운함의 정점을 찍었었지요. 논문을 안 써도 된다고 말해 주라고, 그렇게 안 하면 제가 극단적인 선택을 할 수도 있다고 권고하는 의사 선생님에게 제 부모님은 "그러니까 고쳐 달라고 데려온 거 아닙니까? 논문을 포기하라고 할 수는 없습니다."라고 대답하셨대요. 당시의 상담 선생님은 저를 불러서 "H씨의 부모님을 설득할 수 없었다. 힘겹겠지만, H씨가 마음을 다잡도록 해 보자. 공감받지 못한다고 죽음으로 도피해서는 안 되는 거다."라고 씁쓸하게 달래더군요.

삐뚤어졌다고, 감사를 모르는 배은망덕한 인간이라고 하셔도 할 수 없어요. 저는 다 죽어가고, 죽는 게 낫겠다 힘겹게 발버둥치고 있는데, 국내 최고 의료진에게 데려다줬으니 너도 부모의 기대에 부응해야 할 것 아니냐는 부모님의 무의식적 완강함이 '아, 난 정신 차려 논문을 완성하고 박사 학위를 받지 않는 한, 살아도 산목숨이 아니겠구나. 부모님 얼굴을 뵙고 살아갈 수가 없는 거겠구나.'

라는 생각을 갖게 했습니다. 저에게 그건 정말 큰 슬픈 상처였습니다. "네가 죽는 건 안 돼. 논문이나 학위보다 네가 더 중요하다. 너무 힘들면 우리 이제 그만 내려놓자. 안 써도 된다."라고 해 주시길 바랐습니다. 부모님도 속으로는 그렇게 여기셨을지 모르죠. 그렇지만 잠도 못 자고 밥도 못 먹고 활자만 보면 공황발작이 일어나던 당시의 저에게 하신 말씀은 "고생해서 여기까지 와 놓고 논문 그거 하나를 못 써서 학위를 포기한다는 것은 너무 아까운 일 아니냐?"가 전부였어요. 표현 방법을 모르시는 게 문제였을지도 모르겠습니다.

제가 기적적으로 논문을 쓰고 학위를 받고 나자, 어르신들은 역시 또 그러시더군요. "부모님께서 그렇게 눈물로 기도하시고 고치시려고 안간힘을 쓰시고 H씨를 강하게 독려하셔서 이렇게 좋은 결과를 얻었으니, 부모님께 무한 감사해야 한다."고요. 제가 이룬 모든 것은 다 부모님의 눈물과 피와 땀의 결정체라고요.

그분들께 정말 여쭙고 싶었습니다. "그럼 저는요? 부모님의 기대에 부응하느라 제가 죽음 직전까지 몰렸던 것은요? 결과가 좋으니 그걸로 다 행복한 건가요? 다 부모님의 은혜인가요? 만약에, 병원에서 염려했던 대로 제가 도저히 견디지 못하고, 이 삶에서 벗어나는 길은 죽음밖에 없다고 극단적인 선택을 했더라면, 역시 저는 헌신적인 부모님 가슴에 대못을 박은 못된 불효녀로만 남는 건가요?"라고요.

일련의 시간들을 보내며, 부모님의 은혜에 감사하고 효도하라는 도덕적이고 신앙적인 권고가, 아무도 모르는 사이에, 어떤 자녀들에게는 너무 버겁고 한계조차 없는 강요된 압박이 될 수 있다는 생각을 절실하게 했습니다.

사회적으로 문제가 많은 부모님 슬하에서 자라 모든 이들이 객관적으로 "아, 저 가정은 부모가 정말 문제야. 자식이 불쌍해!"라고 보는 경우라면, 자식이 사회적으로 부끄럽고 비참할지언정 답답하지는 않을 수도 있을 텐데, 누가 봐도 인격적이고 좋아 보이시는 부모님의 사랑과 뒷바라지 속에 사는 자녀의 경우, 남들이 전혀 몰라주고 알고 싶어 하지도 않을 혼자만의 고통 속에 갇혀 있을 수 있겠다 느꼈지요.

물론 부모님도 부모님으로서 첫 번째 자녀와 부모로서의 나이가 같고, 완벽하지는 않아도 적절히 괜찮은(not perfect, but good enough) 부모의 역할을 어떻게 해내야 하는지 제대로 배우지 못하셨으며, 대개 부모님이 아들딸이었던 때에 전대의 부모님들의 일그러진 모습과 말과 태도에 고통 받으셨을 수 있다는 것을 알고 이해합니다. 부모님도 연약하고 가엾은 인간 존재라는 사실, 부모 노릇이 얼마나 어렵고 힘든 일인가 하는 것도 알아요.

심지어 진짜 너무나 부모님을 속상하게 만드는 나쁜 아들딸들도 예전이나 요즘이나 많이 있지요.

그렇기에 당신이 그리고 제가 자녀로서 살아가는 삶에서 짊어지고 마주치는 버거움이 모두 부모님 탓이라고 주장하고 싶지는 않습니다. 그건 억지죠.

그러나 어릴 땐 세상 전부였던 부모님의 존재가 점점 쉽지 않은 또 하나의 십자가가 되어간다 여기는 당신께, 그리고 또한 저에게, 토닥토닥 위로와 응원과 격려를 보내고 싶습니다.

부모님 기대를 모두 채우지 못했어도, 그래서 설령 실망하신 부모님께서 당신에게 냉담하시고 늘 차게 대하신다 해도, 그게 전부 당신과 저의 잘못과 죄는 아닌 거예요.

부모님께 부모님의 삶과 소망과 재능이 있듯, 당신과 저에게도 우리 각자의 삶과 재능과 소원들이 있습니다. 그것들이 부모님의 소망과 딱 맞아떨어질 수는 없는 거지요. 그렇기에, 악하고 비도덕적인 일을 행하지 않고, 최선을 다해 삶을 꾸려가고 부모님을 사랑하는 마음과 소중히 여기는 태도를 지니고 살기만 한다면, 자녀로서 우리는 지나친 죄책감과 불효하고 있다는 평에 주눅들 이유가 없습니다.

잊지 마세요. 부모님은 사랑하고 공경하고 감사해야 할 가장 가까운 분들이지만, 당신의 인생을 대신 살아주실 수 없고, 부모님의 가치관과 기준이 절대적인 진리일 수는 없다는 것을요.

부모님은 하나님이 아니십니다. 그렇게 되실 수도 없고요. 어릴 적, 우리가 정말 무력했을 적에야 부모님께 전적으로 의지할 수밖에 없었겠지만, 성숙해가는 과정 속에서, 자녀인 우리는, 부모님의 생각과 뜻이 진정 나의 그것과 맞는지 고려하고 신중하게 선택하며 그 선택에 스스로 책임지고 원망하지 않는 삶을 살아야 할 것입니다.

제가 아는 어느 형제가 아주 공부를 잘했는데요, 옛 시절의 가치관을 지니신 어머니의 뜻을 받들어 어머니의 지시대로 전공을 선택하고 정말 열심히 공부했습니다. 그 어머니도 고된 일을 몸소 하시면서 아들 학바라지에 열심을 다하셨고요. 그러나 요즘 세상이 얼마나 빠르게 변합니까? 어머님 생각에 따라 열심을 다한 결과는, 취업할 자리는 안 나고 예전이라면 존경받았겠지만 지금 세상에선 그다지 의미 없는 구세대 학벌로만 여겨지는 학위만 딴 난감한 상황을 맞이하게 되고 말았습니다. 이 아들은 어머니를 원망하면서 "엄마가 시킨 대로 다 했는데, 효도하느라 순종하고 살아왔는데 이게 뭐냐? 난 엄마 때문에 망했다."고 크게 원망했다더군요. 그 이야기를 전해 듣고 참 안타깝기도 했고, 한편으로 똑똑한 청년이면서 어째서 세상의 변화에 스스로 생각하고 판단하여 지혜롭게 대처하지 못하고 옛 시대를 사신 어머니만 맹목적으로 따르다 불평하고 절망하는지 답답하다는 생각을 했습니다.

네. 고쳐 생각해 보니, 저 자신도 이 청년과 닮은 점이 맞네요. 부모님께서 제게 기대하시고 바라시는 일들이 정말 너무 버겁고 싫었다면, 어린아이가 아니고 성년이 한참 지난 제가 단호하게 제 의견을 나타내고 제 결단에 책임지는 게 맞았을 겁니다. 이렇게 뒤늦게 어른들이 너무하시다 서운하다 불평하지 말고요. 부끄러운 일입니다. 변명 같지만, 저도 효도해야 하고 착한 딸이어야 한다는 보이지 않는 틀에 갇혀 있는 사람이었던 거죠. 게다가 이전에는 부모님께 대해 모자란 딸로서 지니고 있던 죄책감도 상당히 컸었고요. 저

만큼은 아니라도, 자녀 된 우리들 중 상당수가, 효도하고 싶고, 부모님을 속상하게 만들고 싶지 않고, 부모님의 사랑과 인정을 받고 싶은 어린 시절 그대로의 마음으로, 부모님을 하나님 대하듯 따르다가, 일이 뜻대로 안 풀리고 스트레스가 쌓이면 갑자기 돌변하여 부모님께 공격적인 진짜 못난 불효자식의 덫에 빠지게 되는 것 같아요.

좋은 아들딸이 되어드리기 위해 노력한 당신, 애쓰셨어요. 결과가 부모님 기준에 이르지 못한다 해서, 당신의 사랑과 노력이 전부 없던 일이 되는 것은 아닙니다. 위로를 전합니다.

대신, 우리…… 효도의 기준, 부모님과 맞추어가는 문제에 대해서는 보다 굳건한 자기 생각을 지니기로 해요. 저처럼 뒤늦게 구시렁거리지 말고요. 이제라도 늦지 않았습니다. 젖 먹던 시절처럼 부모님과 틈없이 밀착되지도 말고요, 부모님 눈치 보느라 내 길을 스스로 찾고 노력하는 일을 포기하지 말아요. 살기 힘든데 어떻게 부모님 도움을 좀 더 받아 볼까 하는 어리석은 의존감, 누구는 부모 잘 만나 금수저인데 나는 왜 부모 잘못 만나 흙수저냐는 억지도 버리기로 해요. 금수저도 금수저 나름대로 힘겹고 말 못할 일들이 많은 거니까요.

부모님께서 사랑해주시고 최선을 다해 돌보아 주셨다면, 우리, 있는 그대로 감사해요.

그리고 내가 도저히 들어드릴 수 없는 일들은 어쩔 수 없다고 그럴 수 없다고 솔직히 이해를 구하기로 해요.

물론 부모님도 연약하고 부족하고 화법도 잘 모르시는 인간 존재, 자녀인 당신과 저도 흠 많고 경험치 부족한 인간 존재이니, 갈등과 다툼, 서운함과 답답함이 끊임없이 교차할 확률이 높겠죠. 그렇기에 적절한 완충지대를 놓기 위해 지혜를 모으고 서로의 상처를 이해하는 노력이 일평생 이어져야 하는 것 같습니다.

도저히 메울 수 없는 틈이 존재하고 도저히 대화가 안 된다면, 서로의 다름을 인정하고 분노와 슬픔을 담아두지 않고자 너그러운 관용의 마음으로 서로의 가치관과 생각을 인정해주는 여유의 훈련도 계속되어야 할 테고요.

말이 쉽지요. 우울증 치료 후, 저는 고분고분하던 딸의 자리를 크게 이탈하여, 부모님과 옥신각신 싸우고 대화랍시고 대드는, 어르신들 입장에선 '성질 사나워지고 시건방져진 괘씸한 딸'의 삶으로 좌충우돌하고 있는 중입니다. 아마 오랜 시간, 어쩌면 평생 이 노력은 계속될 것 같아요.

하지만 혼자 가만히 앉아 생각하고 기도하다 보면, '부모님도 힘드셨구나. 그것 말고는 더 나은 다른 방법을 모르셨구나. 그 위의 부모님들께로부터 상처받은 부분들이 너무 많으시구나.' 하는 깨달음으로, 부모님에 대한 이해와 관용의 폭이 조금씩이나마 넓어져가고 있는 것 또한 사실입니다.

자녀로 살아가는 삶이 쉽지 않고 버거워 늘 힘들고 괴로우신 당신, 우리 부모님을 포함해서 세상의 모든 이들이 어느 정도는 다 이 길을 지나가고 있음을 알고, 우리가 사람이기에 겪어내고 이겨내야 할 이 인간 존재의 과업을, 우리, 잘 수행하기로 해요.

하늘 아버지께서 부모님과 자녀 사이에 이해와 화해의 길을 열어주시기를 늘 기도하며 살아요. 우리. 이 세상에서 결코 아주 이상적이고 완벽한 가족을 이루는 복을 누리는 이들은 많이 없겠지만, 당신과 저, 최선을 다해 사랑하려고, 원망 불평하지 않으려고, 뻔뻔한 의존자가 되지 않으려고 분투하며 살아가는 것으로 작지만 작지 않은 위안을 삼기로 해요.

부모님과 적절히 좋은 관계를 이루며 살아가는 당신의 미래를 기대하며 축복합니다.

이 땅의 모든 부모님들과 모든 자녀들이 화해하고 관용의 문에 한 걸음 더 가까이 다가서기를 간절히 기도합니다.

무조건적 굴종도, 무조건적 반목도 아닌, 적절한 거리의 아름다움을 지켜가는 자녀로 살고자 노력하는 세상의 모든 자녀들을, 그중 한 분인 당신을 응원합니다.

그리고 어르신들, 부모님의 헌신적 사랑을 받고 사는 아들딸도, 때로는 버겁고 힘들다는 거, 알아주세요. 효도는 강요되는 것이 아니라 생각합니다. 호강에 빠진 철없는 소리라 괘씸해 마시고, 자녀도 격려해 주시길 간절히 부탁드립니다.

가까운 사람 때문에
힘들고 지치신
당신께
-

나의 십자가를 끌어안아
생명의 목표를 이루는 그 날까지……

사람은 독특한 존재입니다. 홀로 잘 살아갈 수 있을 것 같고 혼자만의 재충전 시간을 열렬히 바라면서도 또 막상 혼자 지내게 되면 커다란 결핍감과 외로움에 힘들어하지요. 성경 창세기에 보면, 하나님께서는 최초로 지으신 사람 아담이 홀로 있는 것이 좋지 않다 보시고 돕는 배필을 지어 데리고 오십니다(창 2:18, 22-23). 아담은 하나님께서 주신 이 돕는 배필, 자기와 닮은 듯 다른 이 존재를 자신의 뼈 중의 뼈요 살 중의 살이라 부르며 첫눈에 사랑에 빠졌지만, 그들의 연합과 사랑의 행복은 어이없게 깨져버리고 맙니다. 선악을 알게 하는 나무 실과를 따먹고 수치를 알게 되어 하나님을 피해 숨은 그들은, 왜 이렇게 했냐는 하나님의 질문에, 서로를 감싸고 자신이 책임을 지는 길이 아닌 상대방 탓을 시작합니다(창 3:11-13). 아마 이때부터였을 겁니다. 죄를 짓고 함께 에덴동산에서 쫓겨나 고생하게 된 인간 최초의 부부는 서로를 의지하고 아낄 수밖에 없는 동시에, 서로를 탓하고 미워하는 애증의 인간관계를 시작하게 되었고, 이 인간관계의 모양새는 이후 거의 모든 인류의 관계 속에 대물림되게 되었지요. 가장 가까운 사이가 때로는 가장 밉고 가장 견디기 힘든 사이가 되고, 함께 있어 행복한 만큼이나 함께여서 마냥 기쁠 수만은 없게 된 인간의 관계, 관계들 …… 가까운 사람 때문에 힘겨운 일은 인간의 보편적인 어려움과 버거움으로 자리 잡게 되었습니다.

성경에 등장하는 신앙의 인물들이라고 별다르지 않았습니다. 믿음의 인물이요 하나님께 많은 사랑을 받았던 영웅 다윗은 무려 주군이자 장인어른인 사울왕 때문에 목숨을 위협받고 오랜 세월 외국과 광야를 떠돌며 도망 다녀야 했습니다. 정말 남보다 못한 사이였죠. 그렇게 멀리까지 갈 것도 없겠군요. 성경에 기록된 최초의 형제 가인과 아벨은 서로 죽고 죽이는 막장 가족드라마의 주인공들이었고, 쌍둥이 형제 에서와 야곱은 장자의 축복권을 두고 서로 속고 속이는 피 말리는 경쟁을 벌였습니다. 야곱의 아들들은 또 어땠나요. 아버지의 편애가 불러온 비극은 형들이 이복동생을 죽이려다가 그래도 하나님의 뜻으로 많이 봐주어 외국에 인신매매로 팔아버리고 아버지에게는 그 아이가 짐승에게 물려 죽은 것 같다는 거짓말을 하게 만듭니다. 뭐 이런 형제들이 다 있나 싶지만, 정도의 차이는 있어도 가장 가까이에 있는 가족과 친지, 매일 마주해야 하고 헤어질 수 없는데 성격과 기질이 안 맞아 얼굴 마주치는 것조차 너무 괴로운 인연들이 동서고금을 막론하고 도처에 있음을 우리는 인정할 수밖에 없습니다. 심지어 예수님의 형제자매들마저도 예수님의 부활을 목격하고 변화되기 전까지는 형님과 오라버니를 못마땅하게 여기고 메시아로 믿지 않았답니다(요 7:5).

몇 년 전 큰 인기를 끌었던 모 가족드라마에서 '끝사랑은 가족!'

이라고 가족애를 엄청 부각하더라고요. 그런데 저는 그 표현에 온전히 공감할 수 없었고 심하게 미화된 이상향일 뿐이라고 느꼈습니다. 가족만큼 아프고 힘겹고 질척질척 끈끈한 관계가 또 있을까요? 차라리 아예 타인이라면 적당히 예의 지켜가며 대하다 정말 아니다 싶으면 안 보고 살 수도 있으련만, 가족은 도저히 그럴 수 없는 관계로 맺어진 이들입니다. 조건 없이 사랑하는 그 이상으로, 이 세상 사람들 그 누구보다 서로를 상처 주고 힘겹게 할 수 있는 무거운 존재이기도 하다는 진실을 너무 쉽게 '끝사랑'이라는 고운 단어로 덮어버린다는 생각이 들더군요. 가족의 문제가 말도 못하게 심각한 세상인데 말이죠.

가족이 믿음 생활을 해 나가는 데 핍박하고 괴롭히는 큰 걸림돌이 될 수 있다는 의미로 말씀하시긴 했지만, 예수님도 "사람의 원수가 자기 집안 식구(마 10:36)"라고 하셨어요. 물론 "원수를 사랑하며 너희를 박해하는 자를 위하여 기도하라(마 5:44)"고도 하셨지요. 으아, 정말 어려운 일을 말씀하시는 예수님이십니다. 두 말씀을 잘 조합해보면, 가장 가까이 있고 헤어질 수도 없는 이들이 철천지원수 같을 확률이 아주 높지만 그 원수를 사랑하는 것이 우리가 해야 할 일이라는 말씀입니다. 인간 본성으로는 절대로 못 할 일인 거지요. 반도체마냥 잠시 사랑과 연민으로 가슴이 저릿하고 뜨거웠다가 바로 다음 순간에 "널 만나게 하신 하나님 뜻은 정말 알다가도 모르겠다. 내 인생 최고의 십자가는 바로 너!"를 외치고 싶어지게 만드는 '징글징글 러브 유'인 사람들이 늘 당신과 저의 주변에 있습니다. 아니, 어쩌면, 온 지구의 생명들이 다 그런지도 모르겠습니다.

가족뿐만이 아닙니다. 이웃 중에, 친구 중에, 일 관계로 계속 봐야 하는 사람들 중에, 나를 분노하게 하고 나를 모욕하고 무시하며, 늘 마음을 상하게 하고 상처 주는 이들이 얼마나 많은가요? 원수를 사랑하라 하셨지만, 그들을 보고 상냥하게 웃으며 대화를 이어가는 것만으로 내 모든 역량과 인내심을 끌어 모아야만 하는 지치는 사이들, 나를 탈진하게 만드는 지인들이 얼마나 많은가요? 당신과 저는, 우리를 힘들게 하면서 헤어질 수도 안 만날 수도 없는 이 만남들을 어떻게 하면 좋은 걸까요? 주님은 우리에게 무엇을 바라고 기대하시는 건가요?

가시처럼 나를 찌르고 내 인격과 신앙의 한계를 시험하면서 내가 사실은 꽤 괜찮은 사람이긴커녕 인내심과 배려심이 얼마 없는 사람임을 깊이 깨닫게 하는 이들과의 만남과 함께 함은, 그 자체로 매 순간 도전이요, 영혼 전체를 탈탈 털고 가는 모험이자 위기입니다. 매 순간 그 도전에 직면하여 몸부림치고 계신 당신, 위로와 격려를 보냅니다. 지금까지 잘 해오셨어요. 넘어지는 순간들이 있겠지만, 성령님의 손길을 의지하여, 우리, 다시 일어나기로 해요. 죽었다가 다시 살아나는, 살아내는, 매 순간의 나를 새로 빚어가는 용광로 가마 속, 하나님의 손길 안임을, 우리, 기억하고 되새기기로 해요. 사람들과의 사이에서 우리가 망가지고 하나님과도 멀어지기를 원하면서 자기를 닮아가게 하려는 악한 영의 계략과 꼬드김에 맞서, 우리, 꼭 승리하기를 믿고 소망하며 간구합니다.

그리고 잡초마냥 나의 성장과 성숙, 평화를 방해하고 숨 막히게 하는 것 같은 힘겨운 지인들에 대해, 우리의 마음가짐을 바꾸는 노력을 할 수 있게 되길 소망합니다.

『식물처럼 살기』라는 책의 내용을 소개할게요. 잡초의 뿌리들은 아주 강해서 유기물이 풍부한 토양의 두 번째 층인 표층토를 뚫고 깊숙이 뿌리를 내린답니다. 잡초는 뿌리에 들어 있는 독특한 유해 물질로 빽빽하고 딱딱한 토양을 통과해내고, 식물들은 이런 잡초 뿌리의 도움을 받아 깊은 곳으로 자기의 뿌리를 내릴 수 있다고 해요. 잡초 뿌리는 다른 식물 뿌리들을 데리고 하부 토양층으로 내려가서 많은 양의 수분을 확보하기도 하고요. 다른 식물들이 뿌리를 깊이 내리지 못해 미처 흡수하지 못한 물을 표층토로 퍼 올려주고 표층토의 수분이 증발하는 것을 억제하기도 한다네요. 어떤 식물은 뿌리에서 강한 독성 물질을 내뿜기도 하는데, 잡초는 이것을 자신의 양분으로 흡수해버리기도 하고요. 비가 강하게 내릴 때는 토양이 물에 쓸려 내려가지 않도록 강하고 질긴 잡초 뿌리가 어느 정도 방어막 노릇을 하기도 한대요. 초식동물이 풀을 다 뜯어먹어버려서 사막처럼 되어버린 평원에서는 잡초들이 강한 모래바람을 막아내며 흙을 보호하기도 한다는군요. 일반 식물들이 견디어내기 어려운 힘든 환경을 잡초들은 꿋꿋하게 이겨내고 척박한 환경조차 살만한 곳으로 바꾸어 내기도 한다지요. 그래서 잡초라고 우리 사람들이 이름지어버린 그 식물들을 무조건 솎아내고 뽑아내어 제거하는 것보다는, 적절한 간격을 두고 사람에게 이롭다 여겨지고 사랑받는 작물들과 함께 자라나게 하는 편이 훨씬 유익이라 합니다.*

　이 관점으로 새롭게 보면, 잡초, 귀찮고 버겁기는 하지만 무조건 온전히 방해되고 해로운 존재만은 아니라는 깨달음이 생겨나네요. 세상과 우리의 삶에 영향을 미치는 다양한 의미들이 있는데, 백 퍼센트 행복하고 긍정적인 의미, 백 퍼센트 악하고 해로운 의미는 없다는 생각이 듭니다. 때로 내게 잡초처럼 느껴지는 관계에 숨이 막힐 것 같은 순간에도, '아, 이 사람과의 관계 또한 나를 살게 하고 키워 가게 하는 의미가 될 거야. 그렇게 받을 거야!"라고 해석을 새롭게 하며 감당할 수 있는 은혜를 구하는 지혜로운 당신이 되어 가시길 매 순간 축복합니다.

　그런 건 속 좋은 저나 하라고요? 잡초는 그냥 잡초, 해충은 그냥 해충, 힘든 관계는 그냥 힘든 거라고요? 음…… 그렇게 여기신다면, 하나님께서 당신의 그 크게 아픈 마음, 지친 상태를 위로하시고 달래주시며, 새 힘과 새 관점의 안경을 선물로 주실 날을 기다려 봅니다. 그래요. 지금 그 마음 그대로도 괜찮으세요. 당신이 많이 힘들다는 것을, 면역력이나 여유가 마이너스 상태가 되도록 탈진했다는 것을, 하나님은 알아주실 테니까요. 속히 도우시기를 저도 기도 보탤게요. 실은, 이 편지를 보내는 저도 그렇게 솔직하게 어깃장

● 최문형, 『식물처럼 살기』(서울: 성균관대학교 출판부, 2017), 113-14 에서 인용하여 발췌함.

놓을 때가 많답니다.

　그래도, 평생 그렇게 살 순 없잖아요. 우리 자신을 위해서, 우리, 바뀌기를 소망해요!

　하나님께서 헤어지게 하실 때까지는 결코 이별할 수 없고, 서로에게 배워야 할 부분을 다 배우고 과제를 마쳐야 끝나는 사이사이들, 결코 포기할 수 없는 과제입니다. 언젠가 이 모자라고 부족한, 있는 그대로는 서로 가시를 세워 할퀴고 상처를 주고받을 수밖에 없는 서글픈 관계에서 벗어나 서로 완전하고 아름다운 모습으로 얼싸안게 될 그날까지는, 우리 각자 몫의 이 십자가들을 무겁고 짜증난다고 내던지지 말고 감싸 안고서 걸어가기로 해요. 때론, 그 십자가의 무게가 우리를 짓누르기도 하고 잘못 들었다가 뒤통수나 어깨를 심하게 후려 맞기도 하는 날이 있겠죠. 십자가의 다듬어지지 않은 곳에 숨어있던 거친 가시가 우리를 찔러 피 흘리는 순간도 있을 거예요. 꼭 이걸 메고 지고 가야 하나 다 버리고 싶은 날이 많이 있겠죠. 그래도 우리, 정 안 되겠거든, 그 무게를 아시는 주님께 투정도 부리고 함께 좀 들어 주십사고 땡깡도 부리면서, 잘 지니고 가기로 해요. 건너갈 수 없는 큰 절벽, 낭떠러지를 만날 때, 어렵사리 지고 온 그 십자가가, 원래 내가 지니고 있던 힘과 능력으로라면 절대로 못 넘어갈 깊고 간격이 넓은 절벽을 기어코 건너가게 하는 소중한 징검다리가 될 것을 믿으면서요. 그 때 주님이 그러시겠죠. "지금 쓰라고 네가 온갖 불평, 원망, 앓는 소리 해댔어도, 갖고 가자고 한 거야. 힘들다고 버리고 왔거나 버겁다고 여기저기 잘라내 버렸으면, 지금 쓸 수 있겠니? 바로 지금을 위해서야."라고요.

그리고, 어쩌면, 정반대의 경우도 있지 않을까요? 우리도 누군가에게는 너무나 아프고 부담스러운 상처 되는 존재일 수 있습니다. 내 주변 가장 가까이에 있는 사람이, 나라는 십자가를 지고 울며 힘들어하고 있을지도 몰라요.

절대 그럴 리 없다고 장담하지 말기로 해요. 당신을 힘들게 하는 그 사람도, 아마 그렇게 여기고 있을 걸요? 누군가 때문에 고통스럽고 분하고 슬플 때, 나 또한 누군가에게 이런 존재는 아닌가 돌아보고 용서를 구하고 우리의 가시들을 빼내는 작업을 해 가는 당신과 저이기를 간절히 기도하고 소망합니다.

오늘 이 순간, 가까운 누군가 때문에 피곤하고 힘드신 당신께 응원과 기도를 보냅니다. 생명 전체에게 내려진 이 '살아내어 성숙해지고 마침내 승리하는' 과제를 잘 완수하여 마지막에 기쁘게 웃는 우리일 것을 기대해 봅니다. 화이팅입니다. 저에게도 화이팅하라고 응원해 주세요!

날 볶음용 멸치로 여기는 이 세대와 나 자신을 향해

난 결코 멸치가 아니라고 선언합니다.

볶지 마!

난 멸치가 아냐.

그래서 드리는 말씀인데요.

사랑하는 이를
잃으신 당신께
-

그 무엇도 위로가 되지 않을 당신,
독생자를 억울하게 내어주신
슬픔을 아시는 하나님께서
토닥토닥 함께 해 주시기를 빌면서……

사랑하는 소중한 사람을 이 세상에서 다시는 만날 수 없다는 것을 깨닫게 될 때, 너무 기막혀서 눈물도 나오지 않고 마치 낯선 시공 안에 홀로 버려진 듯한 느낌이 들 때, 날 사랑한다고 했던 사람이 이별을 말했을 때, 그 낯선 순간마다 저는 스키터 데이비스가 오래 전 부른 팝송 'The End of the World(이 세상 끝)'를 들었습니다. 그 가사에서 이야기하지요. 당신이 내게 이별을 고했고 나를 더 이상 사랑하지 않는다고 했는데도, 왜 태양은 계속 빛나고 파도는 계속 해변으로 밀려오냐고요. 나한테 이 세상의 종말이 온 것을 이 세상은 정말 모르느냐고요. 세상이 아무 일도 없었던 듯 어제와 똑같이 돌아가고 있는 모습이 너무 이상하고 놀랍다고요. 사람을 잃은 고통을 적나라하게 표현한 노래라 생각합니다. 이 노래를 들으면서, 때로는 따라 부르면서, 눈물을 흘리기도 했고, 공감하기도 했고, 그리고 마지막엔…… 내가 어떻게 느끼든 세상이 아직 끝나지 않았고, 그러므로 나는 살아나가야 하는 거라고 마음을 다잡곤 했었죠.

어떤 이유로든 사랑하는 이를 잃으신 당신, 그 어떤 말로도 그 고통을 위로할 수 없다는 것을 알고 있습니다. 슬퍼할 만큼 슬퍼하시고, 울고 싶은 만큼 우시고, 왜 내게 이런 아픔이 찾아왔느냐고 소리쳐 울부짖기도 하세요.

모든 상실에는 의미가 있다느니, 더 좋은 만남이나 좋은 일이 있을 징조라느니, 믿음이 있다고 하는 사람들의 경우 모든 것은 하나님의 뜻이니 우리는 잠잠해야 한다느니 하는 이야기들에는 상처 받지 마세요. 그들도 당신을 위로하고 싶은데, 위로할 말을 알지 못하고 찾지 못하여, 아니, 애초에 적절한 위로의 말이라는 것이 없어서, 그저 자신들도 언젠가 어디선가 듣고 읽은 이야기들을 전하는 것뿐이니까요. 그저 아무 말 없이 당신을 토닥이며 당신과 함께 슬퍼해 주는 것이 할 수 있는 최선일 텐데…… 그렇게 하지 못하는 지인들을 그냥 그러려니 하고 내버려 두세요.

아무 말도 귀에 들어오지 않을 당신 곁에 앉아 손수건을 건네며 마음속 말들을 들어드리고 싶지만, 지금 당신과 저는 오직 이 편지를 통해서만 만날 수 있기에, 마음으로, 기도로, 당신의 영혼이 적절한 때에 회복되기를 바라며 이 편지를 띄웁니다.

사랑하는 이를 잃는 것은 모든 사람들이 살면서 겪는 고통이라 하지만, 서로 공감하며 아무것도 아니게 넘어갈 수 있는 문제는 결코 아닙니다. 절대로 도울 수 없는 가장 개인적인 문제이기도 하고요.

그래도, 감히 용기를 내어 당신께 전하고 싶은 말은, 우리를 지으신 창조주께서도 가장 사랑하는 이를 잃는 고통을 몸소 겪어 아신다는 사실 그거 하나입니다. 하나님은, 그 분의 형상을 따라 만드신 사랑하는 존재 '사람'을 배신으로 잃으셨습니다. 그리고 그 잃어버린 이들을 되찾아 영원한 죽음에서 건지시겠다는 뜨거운 사랑 하나로, 아무 죄도 짓지 않은 그 분의 독생자 예수 그리스도에게 인간의 모든 죄를 얹어 십자가의 고난과 죽음의 권세에 내어주셔야 했습니다. 죄 없는 내 아들이 억울하고 기막히게 죽어간 그 상황, 어디 하소연도 못 하는 찢어지는 그 마음을, 우리를 지으시고 살리신 하나님은 당신과 함께 겪으시고 계시다는 것을 기억해 주세요. 그 하나님께서 이 순간 누구보다 당신 곁에 가까이 계시고 당신의 슬픔을 어루만지신다는 것을 믿으실 수 있기를 기도합니다. 그리고 이 사실이 당신을 다시 일으켜 살아가게 하고, 언젠가 하나님의 품 안에서, 지금 잃어버린 사랑하는 이를 다시 온전한 모습으로 만나게 될 소망으로 인도하기를 간절히 소망하고 응원합니다. 지금 당장은 아니라고 하더라도요.

예수님의 제자들 중에 막내였던 요한 사도는, 복음을 지키고 전하는 일 때문에 순교하지 않은 유일한 제자였습니다. 십대 후반에 예수님의 제자가 되었는데, 전해지는 이야기에 따르면, 90세에 수명을 다하고 세상을 떠났대요. 그 긴 세월 동안, 그는 수많은 사랑하는 이들을 잃었습니다. 친형 야고보 사도는 사도들 중 최초의 순교자가 되어 일찍 그의 곁에서 떠나갔고, 다른 동료들도 차례차례 이 땅에서 떠나갔습니다. 그때마다 요한의 심장도 조각조각 찢겨져서 조금씩 죽어갔을 거라 짐작해 봅니다. 그런데 그는 맘대로 죽음의 현장에 함께 뛰어들 수도 없었습니다. 예수님께서 십자가에 매

달려 고난당하고 숨을 거두시던 순간에 그 십자가 아래에 서서 예수님을 바라본 유일한 제자였고, 그 때 예수님께서 그 어머님인 마리아를 잘 모시라고 요한에게 부탁하셨거든요. 그래서 숱한 그리스도인 동료들이 의연하게 죽음을 맞이할 때에도 요한은 다른 이들의 배려에 등 떠밀려 마리아를 모시고 안전한 곳으로 다녀야만 했던 거예요. 따라 죽고 싶었던 순간이 얼마나 많았을까요? 사랑하는 이들이 한 사람도 남지 않은 이 세상에 혼자 남겨지는 일이 외롭고 서러웠을 날이 왜 없었을까요?

그래도 사랑하는 이들을 잃는 십자가의 삶을 살아내면서, 요한은 더욱 사랑하는 사람으로 나이 들어갔습니다. 어렸을 적에는 성미가 괄괄해서 형 야고보와 함께 예수님께서 지어주신 별명이 무려 '우레의 아들'이었던 사람이었지만, 할아버지가 되었을 때에는 상실로 피폐해지지 않고 "서로 사랑할 수 있을 때 사랑해. 곁에 숨 쉬고 있을 때 더 뜨겁게 사랑해."라고 전하고 행동하는 사람으로 변해갔대요.

당신이 사랑하는 이가 당신을 떠나고 당신의 세상이 다 끝나버린 것 같은데도, 이 고통을 건너 살아가야 하는 이유…… 지금은 기력도 없고, 생각하기도 듣기도 싫으시겠지만, 나중에 생각해 주세요. 아직 당신은 사랑받아야 하고 사랑할 이가 남아 있기에, 살아갈 수 있고 소망이 곁에서 기다리고 있다는 것을요.

사랑하는 이를 잃는 아픔을 아시는 하나님 아버지께서, 독생자를 죽음에 내어주고도 세상의 질서를 계속 유지시키셔야 했던 고통을 공감하시는 그 분이, 당신을 감싸고 알아주시고 회복을 갈망하는 마음과 새 힘을 부으시길…… 그리고 당신이 못 보시는 곳에서 슬퍼하는 당신을 바라보며 함께 아파하는 이가 분명히 있어 당신은 혼자가 아님을 알게 되시기를……. 작은 손으로 토닥토닥해 봅니다.

슬픔의 강을 건너 영원한 생명의 문 앞에서, 잃은 이를 다시 끌어안게 될 소망으로, 지금 더욱 사랑으로 나아가는 당신과 저이기를 소원합니다.

그가 떠났는데, 세상이 전혀 변하지 않고 무심히 흘러가 너무나 속상하시다고요? 아니에요. 그가 떠남으로 분명 이 세상은 변했습니다. 하나님께서 아시고, 당신이 알고, 당신을 사랑하고 아끼는 이들이 알고 있습니다. 그리고 그들의 세상도 변했답니다. 부디 혼자라고 너무 오래 슬퍼하시지 마세요. 당신의 눈물을 주님께서 닦으시는 은혜를 느끼시길 다시 한번 기도하며, 이 글 너머로 당신의 떨리는 어깨를 감싸며 이 편지를 마칩니다.

꽃 한 송이가

벽돌 틈에 피어난
들꽃 한 송이
힘들게 태어나서

일찍 갔다고
그 생명 허무하다
말하지 마라.

이 세상 누군가에겐
영원의 기억
평생 사라지지 않을
기적의 우주

하나님께서
그 생명 지으셨다.
최고의 사랑과 고심으로.

허무히 살다 갔다 말하지 마라.

꽃 한 송이가.

세상의 어둠과 고난을
방관하시는 듯한 하나님께
실망한 당신께
-

하나님 그 분은 ……
우리 생각으로 다 알 수 없는
최고의 신비십니다.
그리고 결코 실수하지도
실패하지도 않으신데요.

212

하나님을 믿었다가 믿지 않게 된 이들이 자연스럽게 하는 말이 있습니다. "하나님이 살아 계시다면 이런 일이 일어날 리가 없어! 안 계시거나, 계시다 해도 결코 좋은 분이 아닐 거야! 그러니 안 믿어. 못 믿어! 혹시 진짜 계시거든 맘대로 하시라 그래. 나도 맘대로 할 거니까!"

아예 안 믿는 이들은 이렇게 간단히 말합니다. "세상 돌아가는 꼴을 봐라. 이게 신이 있는 세계인가? 없다니까!"

그리스도인들은 속으로 조용히 읊조립니다. '그래도 하나님은 계신 게 확실하고 좋으신 분인 것도 맞는데…… 그런데 왜 속히 이 세상에 정의로 임하시지 않는 것일까? 주여, 어느 때까지니이까?!' 성경 기자들의 부르짖음이기도 합니다. 아마 하나님의 나라가 완성되는 그 날까지 우주 최대의 불가사의로 남을 인류의 외침일 겁니다.

실망은 기대가 있었기에 하는 거지요. 아무것도 바란 게 없었다면 황당하고 기분은 나쁠망정 실망하고 오래오래 속을 태우고 상처받는 일은 없을 겁니다. 그래서 하나님을 잘 믿고 잘 따르고자 애썼던 이들이 때때로 세상의 어둠과 고난을 그저 방관하시는 듯한 하나님의 겉모습에 절망하고 낙담하고 분노합니다. 대다수는 긴 여정을 거쳐 더 성숙해져 주님께 돌아오지만, 안타깝게도 일부는 영원히 하나님을 떠나 반대편으로 가기를 선택하기도 하지요.

당신과 저는 답답하고 궁금합니다. 하나님은 우리를 사랑하시고 절대로 우리를 내버리는 분이 아니시라면서, 불의를 참아 보지 않으시는 심판의 주님이시라면서, 대체 왜 침묵하고 계시는가? 왜 이렇게 느린 속도와 이해하기 어려운 방식으로 일하시는가? 왜 사랑하신다는 이들에게서 고난의 짐을 치워주시지 않는가?

확실한 답은, 이다음에 하나님을 얼굴과 얼굴로 맞대어 만나야 얻을 수 있겠지만, 그래도 지금은 우리 나름대로 이 질문에 대한 답을 성경말씀과 우리의 나날 속에서 찾아보려 해요. 같이 숨은 그림 찾기 하실래요?

연약하기에, 우리는 고생과 고통, 고난을 싫어하지만, 쓴 약과 힘이 드는 운동 속에 건강의 비결을 숨겨놓으신 것처럼, 하나님은 고난과 고통이라는 시스템 속에 인간이 온전히 행복을 찾을 수 있는 바로 그 길, 즉 하나님을 깊이 만나고 아는 매뉴얼을 개인별 맞춤형 프로그램으로 설계해 놓으신 것 같다는 생각을 종종 합니다.

성경 히브리서 2장에 보면, 하나님께서 그의 본질이신 독생자 예수 그리스도를 잠시 천사보다 못해 보이는 사람의 모습으로 이 땅에 보내신 이유에 대한 설명이 나와요.

"천사보다 잠시 동안 못하게 하심을 입은 자 곧 죽음의 고난 받으심으로 말미암아 영광과 존귀로 관을 쓰신 예수를 보니 이를 행하심은 하나님의 은혜로 말미암아 모든 사람을 위하여 죽음을 맛보려 하심이라(히 2:9)."

"자녀들은 혈과 육에 속하였으매 그도 또한 같은 모양으로 혈과 육을 함께 지니심은 죽음을 통하여 죽음의 세력을 잡은 자 곧 마귀를 멸하시며 또 죽기를 무서워하므로 한평생 매여 종노릇 하는 모든 자들을 놓아 주려 하심이니 이는 확실히 천사들을 붙들어 주려 하심이 아니요 오직 아브라함의 자손을 붙들어 주려 하심이라 그러므로 그가 범사에 형제들과 같이 되심이 마땅하도다…… 그가 시험을 받아 고난을 당하셨은즉 시험 받는 자들을 능히 도우실 수 있느니라(히 2:14-18)."

이 말씀은 오직 인간의 고난만을 통해 이를 수 있는 은혜의 길을, 참 인간이 되어 오신 예수님의 고난의 이유를 통해 알려주고 있습니다. 예수님은 고통과 연약함과 무기력을 전혀 모르는 영적 피조물인 천사가 아닌 참 인간으로, 그리고 모든 인간의 대표자로 세상에 오셔서 인간의 모든 고통을 직접 겪으셨지요. 여기에 고난이 갖는 특별한 신비와 은혜가 있습니다. 하나님께서 지으신 존재 중에 예수님을 포함해 오직 인간이라는 존재만이, 고난을 겪고 통과하는 그 모든 과정을 통해 하나님께로 가고 하나님을 깊이 알게 될 수 있게 됩니다. 영적 피조물인 천사나, 여타 다른 피조물들에게는 허락되지 않은, 하나님과 친밀한 관계, 특별한 관계가 될 수 있도록 허락된 길이죠. 예수님께서는 인간의 고난이 아무 의미가 없는 고통으로 끝장나지 않도록 몸소 인간의 대표자가 되어 그 몸과 피와 이름으로 하나님과 인간 사이를 잇는 특별한 다리를 직접 이어 놓으셨습니다. 당신과 저는 참 하나님의 아들이시자 참 인간인 세상 하나뿐인 그 분을 통해 하나님께로 가고 인간 된 참 의미를 이해하고 받아들일 수 있게 태어났습니다. 죽음까지 포함하는 고난을 통해 얻게 되는, 천사에게도 허락되지 않은, 인간만이 누리는 특별하고 복잡한 은혜! 고난은 질적 차원이 다른 은혜라 여겨집니다. 대표자가 되시며 인도자가 되시어 능히 당신과 저를 도우실 수 있는 유일한 그 분 예수님과 함께 2인 3각으로 달려 나갈 때 얻을 수 있는 은혜인 거죠.

그러니 고난이 힘들고 싫다고 왜 이 세상에서 고난을 완전히 빨리 몰아내어 주시지 않느냐고 무조건 원망하고 실망하지 말기로 해요. 우리, 잘 모르면서 원망과 판단부터 하지 말기로 해요.

고난을 아직 이 세상 우리 곁에 놓아두시고 그 고난의 신비를 건너 하나님의 존재 가까이 아주 특별하게 나아갈 수 있게 하신 하나님의 생각은, 분명 당신과 저에게 재앙이 아닌 평안을 주시려는 뜻인 것을 믿으니까요. "여호와의 말씀이니라 너희를 향한 나의 생각은 내가 아나니 평안이요 재앙이 아니니라. 너희에게 미래와 희망을 주는 것이니라(렘 29:11)." 쉽지 않은 여정이겠지만, 우리, 멀리 길게 하나님과 함께 모든 것을 바라보기로 해요.

우리가, 하나님께서 행복과 기쁨을 주실 때는 얼마나 쉽게 나태함과 당연함에 젖어들고, 재앙과 고난이 닥치면 또 얼마나 쉽게 원망과 남 탓에 빠지는지 보여주는 성경의 이야기가 있습니다. 광야에서 끊임없이 원망했던 이스라엘 백성은 접어두더라도요.

열왕기상 17장에 뜬금없이 등장하는 이름 모를 사르밧 과부 여인이 우리의 이런 모습을 적나라하게 보여 줍니다. 하나님께서 이스라엘 땅에 가뭄을 내리셔서 선지자 엘리야가 숨어 지내던 그릿시냇가의 물도 말랐을 때에 하나님은 그를 유대 땅의 여인이 아닌 이방 땅 그것도 하필이면 이스라엘 땅을 우상 숭배로 병들게 한 왕비 이세벨의 고향인 원수의 땅 시돈의 사르밧으로 가라 명령하십니다. 게다가 그 곳 부자도 아니고 과부에게 명령하여 음식을 주게 하셨다 명하십니다. 엘리야가 이스라엘 선지자로, 게다가 남자로서 체면이 있지, 어떻게 그런 수치스러운 일을 감당하라 하실 수 있답니까. 기가 막혔을 거예요. 그래도 엘리야는 하나님의 명령이라 — 정말 가기 싫었겠지만 — 갑니다. 그런데 엘리야 선지자를 시돈의 사르밧 하필 그 여인에게로 보내신 데에는, 그 여인과 아들을 살리시려는 하나님의 깊은 뜻이 숨어 있었습니다. 하나님께서 엘리야를 위해 지명하여 고르신 그 여인은 삶의 막다른 절벽 위에 있는 형편이었습니다. 이제 나뭇가지를 주워다가 마지막 남은 식량으로 마지막 끼니를 지어 먹고 아들과 함께 죽어야겠다고 결심하고 있던, 생활고와 낙담에 좀 먹히고 살 의지를 잃은 여인이었거든요. 하나님은 엘리야를 그 여인에게 보내심으로 말미암아 세 생명을 구원하여 지키고 보호하십니다. 엘리야가 그 모자와 함께 머무는 기간 동안, 하나님의 돌보심으로 그 여인이 가지고 있던 식량이 절대 바닥나지 않았으니까요. 엘리야가 날마다 매 순간마다 간절히 기도했겠지요. 식객으로서 그가 할 수 있는 일이 그뿐이었을 거고요. 편안해지고 살림이 피기 시작하면서, 아마도 이 과부 여인은 감사한 마음, 절박했던 마음이 사라지고, 나태해지고 마음에 무언가 꺼림칙한 잡념들을 가지게 되었던 것 같습니다. 그 마음의 문제가 무엇인지 성경은 알려주지 않지만, 여인의 아들이 갑자기 죽었을 때 여인이 엘리야에게 울며 원망하는 장면을 보면 그 여인이 죄책감에 시달렸음을 알 수 있어요. 그녀는 원망하며 소리칩니다. "하나님의 사람이여, 나와 당신이 무슨 상관이 있길래 내 죄를 생각나게 하고 또 내 아들을 죽게 하려고 내게 오셨습니까?" 엘리야 입장에서 보자면 정말 당혹스럽고 어이없는 상황이었을 겁니다. 처음 만났을 때의 상황을 기억해 보세요. 그 때 그 여인은 아들과 함께 죽으려고 계획하고 있었어요. 하나님께서 엘리야 선지자를 보내주지 않으셨더라면 이미 예전에 끊어졌을 생명이었습니다. 그런데 먹을 수 있게 해 주고 살 만하게 기도까지 해 주며 최선을 다해 함께 했는데, 아들이 병들어 죽자 당신 때문에 당신이 나타난 바람에 내가 죄를 깨닫게 되고 내 아들이 죽은 거라고 원망과 불평을 쏟아냅니다. 아들을 잃은 부모의 마음이 장을 끊어내는 듯한 고통이라 여인이 극단적 감정을 느낀 것은 이해한다고 쳐도, 이 정도면 물에 빠진 사람 건져 났더니 왜 나를 살렸냐고 그리고 내 보따리는 어디 갔냐고 들이받는 적반

하장 상황이 따로 없을 지경입니다.

그런데 그거 아세요? 이 사르밧 여인의 말과 행동과 마음가짐이 무례하고 너무하다 생각하는 우리도, 비슷한 행동과 말들을 하나님과 주변의 사람들에게, 또 우리를 둘러싼 환경에 수없이 쏟아 놓고 산다는 사실을요. 잘 될 때는 당연히 생각하고 감사하지 않고 게으르게 교만하게 모든 게 내 권리인양 지내다가, 그 좋은 것을 잃게 되면 우리는 하나님을 원망하고 나한테 왜 이러냐고 남들과 환경을 원망하고 불평합니다. 하나님이 살아 계시고 날 사랑하신다면, 이럴 수는 없고 이러셔서는 안 되는 거라고 우리 관점에서 우리 시야로 판단하고 결정합니다. 은혜는 쉽게 여기고, 고통은 부풀리는 것이 우리 인간 존재의 연약한 속성인지도 모르겠습니다.

그런데 이 기막히고 난처한 상황 앞에서 엘리야는 "아니 그 동안 내 덕에 잘 먹고 잘 살았으면서 이게 웬 뻔뻔한 태도냐? 어이없네. 정신 차리라."고 여인을 꾸짖지 않습니다. 그는 여인에게서 이미 생명이 떠나간 아이를 넘겨받아 안고 자신이 거처하는 다락방에 올라가 아이를 자기 침상에 누이고서 하나님께 아이를 살려 달라는 무모해 보이는 기도를 간절히 올립니다. 죽은 사람을 살리다니요. 지금의 우리야, 엘리야의 제자 엘리사가 수넴 여인의 아들을 살아나게 한 기적도 알고, 예수님께서 나인성 과부의 아들, 회당장 야이로의 딸, 베다니에 사는 나사로를 죽음에서 일으키시고 예수님께서 친히 신령한 몸으로 부활하신 사실을 믿으며, 베드로 사도와 바울 사도가 죽은 이들을 살리는 성령의 기적을 행한 것을 잘 알고 있으니 죽은 자의 부활 사건에 비교적 익숙하지만, 이때의 엘리야 선지자는, 이전에 혼이 떠난 죽은 자가 기도로 살아났다는 이야기를 들은 적도 그런 사건을 목격하거나 체험한 적도 없는 사람입니다. 이 얼마나 용기와 믿음과 도전이 필요한 절박한 기도였을까요? 그는 도저히 해결할 수 없어 보이는 절박한 기도제목 앞에서 하나님을 원망하거나 낙담하지 않고 그 난감한 기도제목을 품에 꼭 끌어안은 채 주님께 매달렸습니다.

그러자 하나님께서 엘리야의 소리를 들으시고 그 아이의 혼을 몸으로 돌려보내어 살아나게 하십니다. 전대미문의 기적이 일어난 거죠. 하나님을 알지도 못하는 이방 땅 시돈의 사르밧에서 말이죠.

당신은 이 대목에서 이런 의문을 가지실지도 모르겠어요. 아니 어차피 살려주실 거, 꼭 그렇게 상황을 어렵고 심각하게 몰고 가셔야만 했냐고요? 여인이 얼마나 슬퍼하며 고통 받았겠으며, 엘리야는 또 얼마나 난감하고 힘들었겠느냐고요.

감사하게도 우리의 믿음의 이해를 돕기 위해 바로 다음 장면에 부연 설명이 들어 있네요. 되살아난 아들을 여인에게 돌려주자 여인이 엘리야에게 고백합니다. "내가 이제야 당신은 하나님의 사람이고 당신의 입에 있는 여호와의 말씀이 진실한 줄 알겠다"고요. 엘리야가 그 집에 기거하면서 이스라엘의 하나님 여호와, 식량과 은혜를 매 순간 공급하시는 하나님에 대해 많이 전했나 봐요. 그러나 이 고난이 닥치기까지 여인은 그 진리에 귀를 기울이지 않았나 봅니다. 그저 먹고 사는 문제가 해결되고, 과부라 사방에서 무시하고 깔봤는데 이방 남자라도 누군가가 곁에 있어서 든든하고 평안하다고, 현실적인 행복에만 안주했었던가 봐요. 그러나 그 여인을 향한 하나님의 뜻은, 식량 공급과 현실적 마음의 평화를 주시는 데에서 멈추지 않으셨나 봅니다. 하나님은 여인이 다시 생각할 수 있도록 고난의 신비로 그 여인과 아들을 만지셨고, 여인은 애달픈 고통을 겪기는 했으나, 그 고난을 넘어선 후에야 '그제야 비로소' 하나님의 진리를 알고 깨닫고 마음에 담는 참 행복을 얻게 되었던 것이죠. 여인이 현실의 행복이나 먹고 사는 문제에 만족하는 데에서 그치지 않고 하나님이 어떠한 분인지 본질적인 것을 알게 하시기 위하여 하나님은 고난의 신비를 쓰신 것일 뿐, 그 여인에게도 그 아들에게도 진정 나쁜 하나님이 되실 생각은 전혀 없었던 겁니다. 바로 이 부분이 우리, 당신과 저를 향한, 우리가 쉬이 받아들이지 못하는 하나님의 본심이 아닐까요?

물론 당신은 그런 거 몰라도 좋다고, 고난은 싫다고 투정부리고 항변하고 싶으실지도 모릅니다. 부끄럽지만 당신께 이 편지를 쓰고 있는 저도, 늘 그랬거든요. 솔직히 지금도 너무 힘들 때에는 그렇게 생떼를 쓰곤 한답니다. "하나님, 심오한 진리, 주님의 깊은 뜻과 거룩하심, 저, 몰라도 좋아요. 평범함을 원합니다. 편안히 주님 모시고 적당히 살아가게 해 주세요. 네?"

그런데 어쩌죠? 당신과 저의 주인, 우리를 빚으시고 우리의 체질을 정말로 아시는 분은, "너는 널 몰라. 그건 네 진정한 행복도 본질도 아니야. 내가 널 그런 존재로 안 만들었거든." 하실 거거든요. 우리는 동식물이 아니라 하나님의 형상을 받아 지어진 사람들입니다. 이제는 하나님의 호적에 들어간 입양된 아들딸들입니다. 하나님은 그 분의 형상을 닮았고 은혜 가운데 그 아름답고 거룩한 본질에 가까이 다가갈 수 있는 특권을 되찾은 우리가 세상의 편안함과 기쁨에만 몰두하여 창조주이자 아버지 되신 하나님을 온전히 알고 친밀해지지 않으면 아무리 많은 것을 가져도 채워지지 않고 행복해질 수 없는 존재라는 사실을 잘 아시기에, 우리에게 가끔 쓴 약을 먹이시고 죽어라 하기 싫어하는 운동을 시키시며 새롭게 빚어 가십니다. 우리가 하나님의 자녀이고 주님을 사랑한다고 말은 잘 하면서도, 실제로는 말씀도 잘 안 듣고 하나님께 가까이 가기를 죽어라 싫어하기에, 하나님께서 아파하시면서도 그런 방법을 쓰시는 건 아닐런지요. 영원한 멸망길로 가게 두실 수는 없는 거지요. 자유의지는 충분히 존중해 주시지만, 너무 멀리 돌아올 수 없는 곳으로 가 버리는 것은 그냥 두고 보지 못하시는 참 배려, 참 사랑. 당신과 제가 주님 마음의 깊이와 넓이와 크기를 감히 어떻게 헤아릴 수 있겠어요? 우주를 덮는 그 사랑을요.

가끔 하나님을 내 시야에서 바라보고 실망하며 분노하시는 당신, 우리 잘 모르면서 우리 잘못이면서 억지 부리고 떼쓰며 무조건 원망부터 하지 말고, 우리를 실망하게 하고 분노하게 하며 도무지 하나님을 이해할 수 없게 하는 그 문제들, 사르밧 과부의 죽은 아들과 같은 아픔들을 조용히 보듬어 안고 하나님께 간절히 나아가요.

회피하고 보이지 않는 곳에 방치하지 말고요. 엘리야처럼 간절히 붙들고 부르짖으면, 하나님께서 당신의 소리를 들으시고 주님의 때에 해답과 평안을 허락해 주시리라 믿고 기대합니다.

때때로 이렇게 엄하고 아프게 우리를 쓴 약과 회초리로 훈련시키시는 하나님이시지만, 그 분이 정말 우리에게 다정하고 좋은 분이라는 확실한 증거들이 세상엔 가득 보인답니다.
독생자 예수님을 내어주신 건 두 말할 필요도 없고요.

이건 아주 공공연한 비밀인데 말이죠. 우리가 살아가는 데에 절박하게 가장 필요한 좋은 것들은 하나님이 전부 공짜로 주셨어요! 심지어 주님을 싫어하고 주님 없다고 외면하는 사람들에게까지도 공평하게요.
제 신학대학원 동기이신 M목사님이 따님들과 함께 부르신 아름다운 노래, 제가 가장 좋아하고 늘 은혜 받는 그 노래 '거저래'의 가사를 소개합니다.

추운 겨울이 아직도 안 떠났는데
따스한 햇볕은 거저래.
그냥 주신대.

목말라 시들어가는 잔디밭에

촉촉이 내리는 비도 거저래

너도 내게도 필요한 싱그러운 공기도

세상의 소중한 모든 것은
모두 거저래. *

이 아름다운 노래가 보다 많은 이들의 귓가와 삶 속에 알려지고 울려 퍼지는 날이 오기를 기도하고 있습니다.

정말 그렇지 않나요? 하나님께 실망하며 왜 세상을 이 모양으로 방치해 두시냐고 따지기 이전에, 우리가 숨 쉬는 산소, 모든 것을 감싸며 자라게 하는 햇볕과 단비, 살아가는 시간, 생명…… 가장 필요하고 소중한 모든 것을, 저와 당신, 우리는, 하나님께 공짜로 거저 받아 자연스럽게 쓰고 있다는 진리……

이 사실을 마음에 간직함으로, 하나님을 알아가고, 고난의 신비 속에 성숙해가며, 하나님을 바르게 알고 그 분께 기대어 힘을 내어 살아가는 당신이기를 응원하고 기도합니다.

─────

* 찬양 동요 음반 〈씨앗의 꿈〉(프로듀서 : 민경찬, 2018년 11월 발매.) 3번 트랙에 수록된 곡(작사 : 임희옥 교수, 작곡 : 민경찬 목사)입니다. 시편 104편 말씀이 노래의 모티브라고 합니다. 민목사님은 어린이들과 청소년들에게 꿈과 희망을 줄 수 있는 아름다운 동요들을 많이 만들고 가르치고 계십니다.

건네주소서

멍울같이 퍼런
눈물의 바다
몇 번을 나서 봐도
다 건널 수 없네.
파도치지 않아도.
막는 이 없어도.

헤엄치고 헤엄치면
저 건너 기슭에
닿을 수 있을까?

아아,
저는 건너갈 수 없습니다.

건네주소서.
건네주소서.

울며 태어났으나
행복한 끝을 약속받으신
당신께

한 생명이 이 세상에 올 때, 방긋 웃으면서 태어난다면 어떨까 하는 생각을 가끔 해 봅니다. 아기가 무사히 건강히 잘 태어났다고 자기 존재를 알리는 첫 일이 우렁차게 울음을 터뜨리는 거죠. 울지 않는 아기는 사람들을 두렵게 합니다. 울라고 엉덩이를 찰싹찰싹 때리기도 하더라고요. 첫 숨을 있는 힘껏 들이마시라고요.

그런데 왜 꼭 울면서 태어나야 하는 거지요? "와아, 드디어 태어났다! 기뻐!" 하면서 활짝 웃으면 더 좋을 것 같은데요.

어떤 이들은 우스갯소리로, 앞으로 이 힘든 인생길을 어떻게 살아가나 서러워서 우는 거라고도 말합니다. 그냥 하는 말이지만, 살아가다 보면 고개가 끄덕여지는 순간이 오더라고요.

인간의 적나라한 모습을 그대로 보여주는 성경에서는 축하받아야 할 자신의 생일을 저주할 만큼 힘겨워 허덕이는 이들이 등장합니다. 그 중에는 선지자도 있고요, 한때 당대 최고 부자이자 하나님께서 자랑을 하신 의로운 사람도 있답니다. 그런 이들에게도 태어난 날을 없었던 것으로 하고 싶을 만큼 인생의 위기와 어둠이 찾아오는데, 평범한 우리야 더 말해 무엇 하겠어요. 어쩌면, 생일을 축하해주고 태어나 고맙다고 말해주는 이유가, 세상살이가 힘들고 고

단해서 버티기 힘들어도, 생일이 원망스러운 순간이 있어도, 태어난 기쁨을 잊지 말고 기억하라는 격려인지도 모르겠습니다. 그런 의미에서, 생일을 맞이하는 가족과 지인들에게 "태어나줘서 고맙다! 넌 소중한 사람이야."라고 축하해주는 우리였으면 좋겠어요. 생일 그거, 해마다 돌아오는 숫자일 뿐이라 하지 마시고요. 이야기 나온 김에, 이 편지를 읽어주시는 당신, 당신의 생일은 언제인가요? 축하합니다. 당신이 이 세상에 태어난 것을! 삶의 의미와 목적을 찾아 걸어가는 여정이 복되시길 기도합니다.

이렇게 생일을 축하하게 만드는 이유, 아기들이 울며 태어나는 이유에 대해 슬픈 추리를 하게 만드는 삶의 어려움과 고달픔, 답답함에 대해, 억울하게 고난당하는 성경 인물 욥은 친구들에게 이렇게까지 말하고 있어요. 욥기 3장에 기록되어 있답니다. 함께 읽어보실래요?

"어찌하여 내가 태에서 죽어 나오지 아니하였던가. 어찌하여 내 어머니가 해산할 때에 내가 숨지지 아니하였던가(11절). 어찌하여 고난당하는 자에게 빛을 주셨으며 마음이 아픈 자에게 생명을 주셨는고(20절). 나에게는 평온도 없고 안일도 없고 휴식도 없고 다만 불안만이 있구나(26절)."

하나님께서조차 침묵으로 일관하시는 절망에 대해서도 토로합니다(23장).

"오늘도 내게 반항하는 마음과 근심이 있나니 내가 받는 재앙이 탄식보다 무거움이라(1절). 내가 앞으로 가도 그(하나님)가 아니 계시고 뒤로 가도 보이지 아니하며 그가 왼쪽에서 일하시나 내가 만날 수 없고 그가 오른쪽으로 돌이키시나 뵈올 수 없구나(8-9절)."

읽을수록 한숨 나오죠. 당대 최고의 하나님표 '칭찬합시다!' 프로그램의 주인공이나 그저 보통사람인 우리나 아프고 힘들 때 나오는 말은 별 차이가 없는 듯합니다.

이 편지를 읽으시는 당신께만 말씀드리는 비밀인데요, 제가 방금 써 보낸 욥기 3장과 23장…… 제가 너무 우울하고 허탈해지면 보는 구절들이랍니다. 믿음 깊으신 분들은 힘들어 지칠 때 시편 23편이 그렇게 은혜가 된다 하시는데요. 저는 좀 많이 뾰족한 인간인지, 죽을 듯 우울하고 절망스러울 때 시편 23편으로 위로받은 적이 없어요. 그냥 차라리 솔직하게 욥처럼 상황을 주저리주저리 말하면서 "이럴 거면 저 왜 태어났냐고요!!" 하는 적나라한 상황이 훨씬 공감되고 남 얘기가 아닌 것 같고 그래요. 어디 가서 제가 이런다고 말씀하시면…… 안 되……긴 왜 안 되겠어요. 하하하. "욥도 뭐 별수 없네." 하고 저랑 같이 안심하셔도 좋아요.

그래도 욥이 남달랐던 건, 바로 그 다음 구절에서 절망 중에도 행복한 결말을 주시는 하나님에 대한 소망을 포기하지 않았다는, 바로 그 점에 있다 생각해요. 친구들은 알지도 못하면서, "네가 죄가 있지 않고서야 어떻게 이런 일들을 당하겠냐. 속히 회개하고 우리한테도 이실직고하지 못할까!" 하면서 억울하게 몰아붙이고 (저, 개인적으로 욥의 친구들이 과연 친구들인가, 볼 때마다 의심스러워요.), 아내는 "하나님을 욕하고 죽으라"는 폭언을 하고, 결정적으로 하나님은 이 모든 판을 벌이시고도 설명 한 마디 없으신데, 그래서 욥도 참다못해 자신이 태어난 날을 저주하며 캄캄한 삶에 낙심하는 중인데도, 그래도 그는 이렇게 말하더라고요.

"그러나 내가 가는 길을 그가 아시나니 그가 나를 단련하신 후에는 내가 순금같이 되어 나오리라(10절)."

아무리 비극과 막장으로 가득한 드라마나 소설, 영화라도, 마지막에 모든 문제가 말끔하게 풀리고 주인공이 억울함 풀고 행복한 결말을 맞이하는 걸 보면, 우리는 덩달아 후련해하고 행복해합니다. 당연히 산뜻하고 기쁜 결말로 끝날 거라 기대하고 본 작품이 황당하게 비극으로 끝나면서 설명조차 없이 "이게 현실이에요. 동화 읽으신 거 아니잖아요. 심지어 동화도 비극 많은데! 현실 고발적인 작품으로 봐 주세요!" 하면, 글쎄요. 그 작품, 예술적으로는 칭찬받을지 모르겠지만, 웬만한 사람들은 안 좋아할 걸요? 저는, 이런 상황과 관련해서 아주 아픈 기억이 있어요. 예전에 어떤 시츄에이션 코미디 프로그램을 정말 재미있게 시청했었거든요. 시츄에이션 코미디라고 했으니까, 중간 과정이 아무리 슬프고 가슴 아파도, 마지막회에서는 불쌍한 우리 주인공이 기쁜 결말을 맞이할 거라 기대하고 기다렸었어요. 그런데 웬걸. 시추에이션 코미디는 꼭 행복하게 웃으며 끝난다는 편견을 버리라는 듯, 시청자 뒤통수치는 반전이 작품성이라고 생각한 듯, 그 프로그램은 주인공이 행복하다 느

끼는 어느 순간(사실은 실제로 행복한 순간도 아니었어요. 오래 짝사랑해오
던 남자에게 내가 당신을 좋아한다고 고백하는 시간이었거든요.)에, "이대로
시간이 멈추었으면 좋겠어요."라는 말과 함께 죽음으로 시간이 영
원히 박제되는 결말을 냈답니다. 그리고 그게 현실적으로 최선의
행복한 결말인 거라고 주장하더군요.

그때 제 충격이 정말 컸어요. 인생의 행복한 결말이 저런 거라
면, 그게 현실이고 진실이라면, 대체 뭐 하러 고생하고 노력하며 계
속 몸부림쳐 살아가야 하는지 이해가 안 되고 너무나 허무했죠. 저
게 저와 제가 사랑하는 당신의 마지막 행복한 시간이라고 동의하고
싶지 않았고요. 저만 그렇게 느낀 건 아니었는지, 반전으로 작품성
살렸다고 칭찬 들을 것을 기대했던 그 프로그램 연출자는 비난 여
론이 커지자 나중에 사과 성명을 발표하더라고요. 저, 그 때 또 생
각했어요. 이 세계를 다스리시고 연출하시는 창조주가 저 연출자
같은 존재가 아니라 정말 너무나 다행이고 감사하고 사랑한다고요.

울며 태어나신 당신, 때때로 삶이 너무 고달파서 그냥 이대로
생명이 끝나도 아무 미련도 없겠다 여기시는 당신, 이렇게 억울하
고 답답한 게 인생이라면 왜 우리는 살아가야 하고 몸부림 쳐야 하
나 괴로우신 당신, 당신과 저를 지으신 분은 우리에게 황당한 결말
을 준비하시지 않았습니다. 우리가 제작자, 작가와 연출자의 뜻을
무시하고 막장을 만들어놔도, 그런 우리를 붙들고 다시 꾸려 나가
시면서 "날 믿고 따라와. 내가 영원히 행복한 결말을 이미 만들어
놓았으니까!"라고 약속과 확신을 주시는 분이지요.

그래서, 욥도, 성경의 신앙인들도, 그리고 당신과 저도, 울고 괴로워할지언정, 이대로 내 삶의 끝은 암흑뿐이라고 영원한 절망에 빠지지 않는 겁니다. 우리 제작자의 신실함을 믿고 있기에……

그 분은, 그 약속을 믿지만 자주 흔들리고 헤매며 낙담하는 우리를 일으켜 세우시기 위해, 성경 곳곳에 방향 표지판들을 세워 놓으셨죠. 아주 많이 있지만, 제가 찾아낸 거 몇 가지만 살짝 공유할게요.

"선을 행하되 낙심하지 말지니, 포기하지 않으면 때가 이르매 거두리라(갈 6:9)."

〈낙심되는 순간, 있음! 그러나 포기 금지! 때 되면 보상 완벽 보장!〉 표지판입니다.

"보라 하나님의 장막이 사람들과 함께 있으매 하나님이 그들과 함께 계시리니 그들은 하나님의 백성이 되고 하나님은 친히 그들과 함께 계셔서 모든 눈물을 그 눈에서 닦아 주시니 다시는 사망이 없고 애통하는 것이나 곡하는 것이나 아픈 것이 다시 있지 아니하리니(계 21:3-4)…… 다시 밤이 없겠고 등불과 햇빛이 쓸 데 없으니 이는 주 하나님이 그들에게 비춰심이라 그들이 세세토록 왕 노릇 하리로다(계 22:5)."

〈눈물바람 인생! 그러나 결말엔 그 눈물 영구 소멸 확정! 캄캄한 밤 주기적으로 올 것임. 그러나 이 또한 영구 소멸 확정!〉

확정 표지판이랍니다. 행복한 결말을 약속하는!

이 약속을 믿고 따라가느냐, 죽어도 못 믿겠고 안 믿는다고 돌아서서 그냥 현실적인 인생 한 판 살다가 그 뒤는 모르겠다는 쪽으로 향할 것인가!

사랑하는 당신, 선택은 당신이 하시는 거예요. 제가 막 억지로라도 모시고 가서 확인 각서 도장 찍게 해 드리고 싶은데, 그건 안 된다네요.

꼭 스스로 와 주실 거죠?

울며 태어나 울며 살아가는 당신과 저에게 하나님은 우주를 지으신 손가락을 걸어 약속해 주십니다. "눈물을 흘리며 씨를 뿌리는 자는 기쁨으로 거두리로다. 울며 씨를 뿌리러 나아가는 자는 반드시 기쁨으로 그 곡식단을 가지고 돌아오리로다(시 126:5-6)."

그리고 신약성경 첫 번째 복음서의 시작과 끝에서 또한 약속하셨어요. "세상 끝까지, 죽음을 넘어서도 너랑 함께야."라고요(마 1:22-23, 마 28:20).

지금까지 만난 모든 사람들이 당신을 속이고 배신하고 힘들게 했더라도, 절대로 당신을 포기하지 않으시려고 독생자까지 내어주신 그 분만큼은 믿어 봐요. 우리!

울며 뿌리는 씨앗에 기쁨의 단으로, 답없는 인생길에 영원한 해답으로, 결말 몰라 불안한 삶의 길에 확실한 기쁜 결말로, 당신을, 저를, 이끌고 가 주신대요. 우리가 못 알아보고 못 알아들어 못 따라갈까 봐, 아들도 그 영도 친히 우리 곁에 우리의 언어로 우리가 알 수 있는 존재로 보내주셨고요.

순금같이 되어 주님과 함께 영원한 생명 속, 나의 본래적 모습과 하나님의 영광 속으로 들어갈 것을 약속받으신 당신, 꽃길은 약속하지 않으셨지만, 이 생명을 넘어 영원까지 같이 해 주신대요. 그리고 모든 일은 결말이 제일 중요한 거, 아시죠?

세상 가장 진실하고 아름다운 약속을 선물 받으신 당신께 축하 인사를 보냅니다. 우리, 꼭 함께 그 길을 끝까지 걸어가서, 우리가 뿌린 눈물들이 어떤 기쁨의 열매를 맺었는지 확인하고 구경하고 함께 기뻐했으면 좋겠어요. 그 자리에 당신과 제가 꼭 함께 있게 되길, 간절히 바라고 소망합니다.

눈물 나는 그 모든 순간에, 빛 한 줄기 없어 캄캄한 밤에 홀로 앉아 있을 때, 이미 알고 있는 이 결국을 기억하며 다시 한 번 더 일어서서, 옆이나 뒤에 계신 우리 제작자의 손가락을 한 번 더 꼭 붙잡아 깍지 끼는 당신이기를, 축복합니다.

이 밤, 혹시 울고 계실지 모를 당신을 생각하며, 제 마음의 손수건이 부디 당신에게 전달되기를 기대해 봅니다.

사랑하는 당신, 우리 이 길 끝에서 꼭 웃으면서 만나요!

2018년 7월 6일 저녁.

이 세상 누구보다 행복한 결말을 사랑하고 꿈꾸는

당신의 H로부터.

누가 호박꽃더러 못생겼다고 한 걸까요?

땅 위에 사뿐히 내려앉은

낮에 길 잃은 별 하나 같기만 한데요.

우리....

예쁜가 안 예쁜가 신경 쓰지 말고......

피어있는
동안
최선을
다하니
아름답시다~

그리고
부치지 않은 편지 하나

고슴도치 같은 나, H에게

많은 사람들에게 많은 편지를 띄웠지만, 막상 나 자신에게 편지를 쓰는 건 처음이네.

H. 책망하거나 비난할 때 외에는 별로 불러본 적 없는 나의 이름을 부르며, 뜬금없이 왜 나에게 말을 건네고 편지를 쓰느냐고?

동기가 있었어. 들어 볼래?

얼마 전 모 대중문화평론가가 쓴 배우 인터뷰 기사를 읽던 중에 "자기 인생을 정중하게 대접하기"라는 표현을 보고 가슴이 콕콕 쑤셨다. 하나님이 내 인생을 정중하다 못해 진지하고 소중하게 대해 주시는 걸 알지만, 막상 나는 나 자신에게 정중한가, 그런 척 하는 게 아니라 실제로 나 자신을 소중하게 여기고 정중하게 대접하고 있나 질문하면 썩 시원한 답이 나오지 않더라.

성경에 보면 예수님은 "네 이웃을 네 자신같이 사랑하라(눅 10:27)"고 말씀하셨지. 그 말씀을 한 번만이라도 자세히 들여다보면 스스로를 올바르게 바라보고 사랑할 줄 모르는 사람은 이웃도 제대로 사랑하기 힘들다는 의미가 담겨 있잖아. 그런데 항상 사랑과 섬김의 삶을 바라고 외치면서도 현실 속에서 나는 이 말씀의 기본에서부터 시행착오를 하고 있다는 생각을 하게 돼. 말만으로 때우지 않고 진정으로 사랑하는 사람이 되고 싶어서, 또한 다른 이의 삶과 이야기를 정중하게 받아들이고 대접하고 보듬는 사람이 되려는 한 발짝으로, 나는 나에게 편지를 쓰기로 했어.

　잘 쓸 수 있을지 심히 걱정이 되긴 한다. 내가 이 세상에서 가장 대면하기 어렵고 보듬기 어려운 존재…… 그게 바로 나니까 말이지.

　이 시도를 하는 또 다른 이유 하나는, 하나님께서 고슴도치도 귀하게 고안하여 만드셨다는 사실, 그리고 나 H는 이 고슴도치와 상당히 닮았다는 것을 불현듯 우연히 깨달았기 때문이야. 그런데 이 사실을 안 후 누군가에게 고슴도치 사진을 보여줬더니, 질겁하면서 "이 징그럽고 이상한 걸, 왜 휴대폰에 사진까지 저장해서 보고 있느냐"고 황당해하더라. 음. 확실히 일반적인 시선으로 볼 때 고슴도치가 사랑스럽고 우아한 건 아니지. 가시까지 잔뜩 지니고 다니고…… 그래도 하나님이 만드신 작품인 걸? 그 고슴도치와 참 비슷한 나 같은 사람도 만들어 쓰시고! 그래서 나에 대해 생각하고 나 자신을 마주보는 김에, 내가 닮은 이 고

습도치 이야기도 좀 알아보고 써 보자고 결심했어. 고슴도치를 연구하면, 나에 대해 좀 더 알 수 있지 않을까 하는 마음도 있었지. "고슴도치 같은 나 H"에 대한 생각이 시작된 계기는, 어느 전시회에서였다. 올해 봄(2018년 3월), 교회와 더불어 나무작품 공방 사역을 하시는 동기 K 목사님과 그 교회 교우들이 오랜 시간 믿음과 열정으로 빚어낸 〈노아의 방주〉 전시회를 보러 갔었거든. 3천 마리가 넘는다는 온 세상의 모든 동물들을 나무로 섬세하게 깎아놓은 놀라운 광경 속에서, 내 마음에 가장 뭉클하게 다가온 것은, 신기하게도 조그마한 고슴도치였어. 경계심도 많고 겁도 많아서, 조금만 불편한 상황이 생기면 바로 뾰족뾰족한 가시로 뒤덮인 둥근 공으로 변해 버리는, 그래서 마냥 사랑스럽고 귀엽다고 하기는 어려운 그 동물……. 수많은 갖가지 피조물들 사이에서 고슴도치를 발견하고서 내 마음속에 처음 떠오른 생각이 바로 '우와! 하나님께서 고슴도치도 만드셨네!'였어. 하하. 사실 너무 당연한 사실이라 '그게, 뭐?'라는 반문이 들 수도 있는 이야기인데, '가시투성이에 딱히 예쁘지도 않고 별 장점이나 쓸모도 없는 것 같은 이 고슴도치도, 창조주께서 빚으신 귀한 작품이고 생명이구나.' 하는 재발견의 감동이 아주 컸다. 그리고 바로 이어진 생각이 '이 고슴도치가 딱 나 H같네.'였어. 고슴도치를 영어로 Hedgehog라고 부르는데, 첫 글자를 따면 고슴도치도 H라는 다소 엉뚱한 동질감도 느꼈지.

내가 나를 힐끗 곁눈질할 때 늘 느끼는 감정과 생각이 그래. 소심하고, 의심과 경계심이 많고, 쓸데없이 예민하고, 그래서 조금만 편치 않은 상태가 발생하면 몸과 마음의 가시를 단단히 곧추세워 그 뾰족함 안에 몸을 말고 숨어버리는, 별로 밝지도 사랑스럽지도 못한 생명체! 물론 하나님께서 날 사랑하시고 구원하셨으며 항상 지켜주심을 머리와 가슴으로 믿고 있지만, 한편으로는, '나에게 능력이 너무 없고, 세상을 살아가는 건 너무 힘들고 고단해서, 내가 무엇으로 세상과 삶을 아름답게 할 수 있나, 가진 건 가시들뿐인데.'라는 존재의 초라함과 답답함을, 난, 피부처럼 두르고 사는 것 같아. 가시가 있어도, 장미는 화사한 모습과 향기로, 엉겅퀴는 간의 독소를 해독시키는 놀라운 치유 성분으로 넘치도록 그 존재 가치를 드러내고 있잖아. 그런데 과연 가시 돋친 겁쟁이 고슴도치와 그 고슴도치를 닮은 나 H의 가치는 무엇으로 어떻게 드러나고 있는 것일까 하는 서글픈 궁금증을 품고 지낸다는 생각이 들었어.

그런데 사실 〈노아의 방주〉 전시회에서 수많은 다양한 동물들 사이에 숨듯이 조용히 함께 있던 조그마한 고슴도치는, 그 자체로 충분히 창조주의 놀라운 솜씨와 아이디어를 드러내고, 커다란 조화의 한 조각을 구성하는 딱 맞는 퍼즐 하나로 귀엽고 뭉클했었다. 뛰어나게 예쁘지 않아도, 멋진 향기나 대단한 효용 가치가 없어도 그냥 그대로 좋은……

그 나무 고슴도치 열쇠고리를 구매해서 집에 돌아오면서 나는 생각했지. 내 맘에 차지 않는다고 나 자신을 외면하거나 시선을 피하지 말고 가시로 뭉친 작은 공 같은 나 자신을 곧게 마주해 보자고……. 하나님께서 고슴도치를 만드셨고 있는 그대로 '좋다!' 하시는데, 내가 '고슴도치를 닮은 나는 너무 괴상하고 한심해. 심지어는 징그러워하는 이들도 있어서 나 자신을 돌아보고 싶지도 않아. 괜히 손댔다가는 가시에 찔리기만 할 거야.'라는 생각에만 붙들려 있다면 참 어리석은 일이잖아. 그거야말로 삽질, 뻘짓, 시간 낭비인 셈이지.

가시 돋친 겉모습과 경계심 많은 성질 외에는 고슴도치에 대해 그리 아는 바도 없어서 — 마치 내가 나 자신을 제대로 모르는 것과 같이 말이지 — 고슴도치를 반려 동물로 키우는 소수의 사람들이 보는 책*을 구해서 읽어봤어.

고슴도치는 색맹이고 시력이 아주 나빠서 아주 가까이에 있는 사물만 어렴풋이 구별할 수 있대. 아, 왜 시작부터 나와의 공통점이 이렇듯 잘 보이는 걸까. 물론 난 색맹은 아니지만 약시라 초등학교 시절 신체검사 시간에 색맹으로 오해 받은 적도 있으니 웃음이 나더라. 시각이 그리 발달하지 않은 대부분의 동물이 그러하듯, 고슴도치 역시, 청각과 후각이 예민하대. 귀로 소리를 들어서 위험을 감지하고, 예민한 코로 냄새를 맡아서 정체를 파악한다는 거야. 그래서 고슴도치의 경계심을 누그러뜨리기 위해서는 주인의 냄새에 익숙해지게 하는 일이 중요하다고 했어.

그리고 제일 흥미로운 고슴도치의 가시! 방어용인 이 가시는 아

---

* 닛토쇼인혼사 편, 다무카이 겐이치 감수, 유준성 역, 『반가워, 고슴도치!』(서울: 책나무출판사 넘버나인, 2017).

주 단단한 단백질로 만들어졌대. 고슴도치는 위험을 느끼고 긴장할 때 몸을 동그랗게 말고 가시를 세우는데, 이렇게 하는 이유는 배와 머리를 보호하기 위해서라고 해. 아주 유연한 근육이 있어서 몸을 둥글게 말아 오랜 시간 동안 웅크리고 있을 수 있고 얼굴과 발을 깊게 파묻을 수 있다는 거지. 신기하여라. 그 조그마한 몸체에 가시가 몇 개게? 무려 7천 개쯤 된대. 무거워서 그걸 어떻게 다 지고 다니나 싶었는데, 아주 가벼워서 고슴도치는 가시의 무게로 힘들 일은 없다고 하네. 하지만 만만한 가시는 절대 아니야. 적에게 세균을 주입하는 주사기 바늘 같은 뾰족함이 있어서 무려 사자도 겁먹는다고 해. 불안함을 느낄 때 고슴도치는 피부를 수축시켜 가시를 밤송이처럼 빳빳하게 세워서 자신을 보호하려 들지만, 편안해질 때는 이 가시들을 옆으로 눕히는데 이런 때는 가시가 그저 단단한 털 정도로만 느껴질 뿐 만져도 따갑거나 아프지 않대. 그래서 고슴도치끼리 껴안을 수도 있는 거겠지.

또 고슴도치는 대체로 혼자 지내는 것을 좋아하는 아주 내성적인 녀석이래. 그래서 친구 고슴도치들과도 보금자리를 나누는 일이 없고 아무도 없는 조용하고 좁은 곳으로 잘 숨는대. 환경 변화에도 아주 예민해서 조금만 주변이 달라져도 스트레스를 많이 받고 가시들을 뾰족하게 세운다 하네.

고슴도치에 대해 알게 될수록, '아, 나는 정말 고슴도치형 사람이네.' 하는 생각을 지울 수가 없었어. 낯가림이 심하고 변화를 힘들어하며 심하게 예민하고 방어용 가시들이 헤아릴 수 없이 많은 나, 시각이 발달하지 않은 대신 청각과 촉으로 만사에 대처해 나가지만, 실은 사회적인 삶보다는 홀로 지내는 시간에 재충전되고 기운이 솟아나는 나…… 딱 고슴도치형 인간이더라.

이런 나를 나 스스로도 좋아하거나 그러려니 만족스럽게 여기지 못하고, 몹시 방어적인 태도로 주변의 눈치를 살피면서 여차하면 몸과 마음이 가시들을 세워 나를 방어하기에 급급한, 실은 연약하고 소심한 작은 존재가 바로 나! 까칠하고, 누군가와 진정으로 마음을 나누기 위해 참 많은 시간과 조건들을 필요로 하는……. 그렇잖아. 내가 누군가에게 먼저 밥 먹자고 하는 일 거의 없는 거. 나 스스로도 알지. 별 이유 없이 내가 "같이 밥 먹자!"고 제안하는 사람이, 바로 내 마음속에서 진짜 친밀하다고 느끼는 특별한 경우인 거. 공식적으로는 무엇이든 할 수 있고 잘 하려고 애쓰지만, 하루의 끝엔 지치고 허물어져서 피곤해하는, 그게 나라는 거! 그리고 내가 그러한 나 자신을 그러려니 하지 못하고, 답답해하고 한심해하며, 사실은 내 가시로 제일 많이 아프게 찔러대는 대상이 바로 나 자신인 거!

하나님께서 나를 이렇게 디자인하셨을 때 스스로를 미워하거나 숨기만 하라고 만드시지 않았을 텐데, 고슴도치에게도 분명히 뚜렷한 그 자체의 가치와 자리가 있는데, 나의 믿음은 왜 이렇게 연약하고 간장 종지만한 건지 몰라.

고슴도치를 키우는 법에 대해 이야기하는 그 책에서 그러더라. 고슴도치가 까칠하고 겁이 많고 반려인에게조차 가시를 빳빳하게 세우더라도, 그 모습 그대로 이해하고 받아들이면서 두려워하지 않게 감싸주라고. 스스로 안심하면 고슴도치의 가시는 그저 조금 단단한 털로 가만히 얌전히 누워 있게 될 거라고.

고슴도치와 닮은 나 H야! 7천 개의 가시로 뒤덮이고 혼자 있기를 좋아하는 까칠한 고슴도치 역시, 하나님의 작품이라는 거, 잊지 말았으면 좋겠어. 머리로만, 일시적인 심장 박동만큼의 기분으로만 말고, 나의 일상 속에서 말이야.

세상 모든 사람들이 나를 예쁘게 좋게 보아주지 않으면 어때. 하나님께 나는 이미 예쁜걸. 교만하지 않고 다른 이들도 예쁜 눈으로 보면 그걸로 충분하잖아.

저절로 가시를 뾰족 세우게 만드는 생각 못한 일들과 변화와 두려움들이 나에게 찾아오면, 그게 내가 지금 이 세상 속에 살아 있는 증거라고 알고 조금만 부드럽게 받아들이자. 감당치 못할 일들 주시지 않을 거고, 피할 길도 주신다고 나를 만드신 신실한 그 분이 약속해 주셨잖아(고전 10:13). 아빠 한번 제대로 믿어 보자고!

힘들고 아파서 정말 답답해지는 순간들이 찾아오더라도, 혼자서 너무 많이 아파하거나 나와 남을 찔러대는 가시들을 있는 힘껏 뾰족하게 세우지 않고, '이 정도는 괜찮아. 너무 겁먹을 거 없어.'라고 가시들을 부드럽게 눕힐 수 있게 마음결을 다독이자.

내가 싫어지고 못마땅해지는 순간, 내가 살아있는 이유와 내 존재의 가치가 대체 뭔지 모르겠다고 속상해지는 때에는 '나를 만드신 분이 아시겠지. 난 그저 그 분 목소리와 약속을 따라 내 자리를 지키며 여기 있으면 돼.'라고 말하자. 3천 마리의 동물들 중에서도 내 눈에 들어오고 마음에 자리 잡았던 그 고슴도치처럼, 분명히 나도 내 할 일, 내 자리가 있다는 것을, 말씀 안에서 믿자.

다른 누군가를 사랑하고 상처 없이 끌어안기 위해, 내가 먼저 나를 키우시는 그 분 손길 아래 평안해지고 '이대로 좋아! 이대로 감사해!'라고 진심으로 생각할 수 있기를 기도하고 소망해.

부디 나답게 나로서 살아갈 수 있기를!

H. 세상에 태어난 목적을 주님 앞에 이루어 이 세계의 한 부분으로서 내 자리를 조용히 그러나 꼭 맞게 어울리게 채워갈 수 있는 그런 존재이고 싶다. 장미의 향이나 엉겅퀴의 대단한 해독 성분을 부러워하거나 시기하지 않고, 강아지의 사랑스러움과 친화력을 부러워하지 않으며, 온전히 나답게 살아가기! 나를 아껴주는 이들에게 고마워하되, 나를 좋아하지 않는 이들을 무서워하거나 섭섭한 눈으로 바라보고 어두움을 쌓아놓지 않고 그럴 수도 있다고 가만가만 이해하기! 무엇보다, 하나님과 이웃 앞에서 내 생명의 시간에 대해 예의를 지키고 그것을 소중히 여기며 살아가기! 가끔, 풀죽은 나에게 '하늘 아빠, 그리고 나를 좋아해주는 고마운 이들이 그러하듯, 나도 너를 사랑해. 열심히 했어. 수고했어. 앞으로도 힘내자!'라고 쓰다듬어 응원하고 격려해 주기! 예쁘게 할 수 있는 일들이 이렇게나 많이 있으니, 엉뚱한 일에 마음 허비하지 말았으면 좋겠어.

하나님 나라에까지 함께 가야 할 내 존재 H야, 세상의 거울이 아닌 하나님의 거울 앞에 서서 나를 올바로 보고, 그 분의 손 안에서 만족하고 힘내!

정중하게 대해주지 못해서 미안했어. 최선을 다해 살아오느라
애썼어.

고마워.

이제 다시 새롭게 시작하자. 주님의 은혜 안에서 사랑한다.

언젠가 또다시 편지할게.

샬롬!

Hedgehog H.